LES BONNES SOUPES DU MONASTÈRE

Catalogage avant publication de Bibliothèque et
Archives nationales du Québec et de Bibliothèque et
Archives Canada

D'Avila-Latourrette, Victor-Antoine

Les bonnes soupes du monastère:

Traduction de: Twelve months of monastery soups.
Comprend un index.

1. Soupes.   2. Cuisine végétarienne.
3. Cuisine internationale.   I. Titre.

TX757.D3814 2006   641.8'13   C2006-941174-3

Gouvernement du Québec – Programme de crédit d'impôt pour
l'édition de livres – Gestion SODEC – www.sodec.gouv.qc.ca

L'Éditeur bénéficie du soutien de la Société de développement des
entreprises culturelles du Québec pour son programme d'édition.

Conseil des Arts   Canada Council
du Canada   for the Arts

Nous remercions le Conseil des Arts du Canada de l'aide accordée
à notre programme de publication.

Nous remercions le gouvernement du Canada de son soutien
financier pour nos activités de traduction dans le cadre du Programme national de traduction pour l'édition du livre.

Nous reconnaissons l'aide financière du gouvernement du Canada
par l'entremise du Fonds du livre du Canada pour nos activités
d'édition.

01-12

L'ouvrage américain a été publié par Triumph™ Books,
une division de Liguori Publications,
sous le titre *Twelve Months of Monastery Soups*

Dépôt légal: 2006
Bibliothèque et Archives nationales du Québec

ISBN: 978-2-7619-2280-7

DISTRIBUTEURS EXCLUSIFS:

Pour le Canada et les États-Unis:
MESSAGERIES ADP*
2315, rue de la Province
Longueuil, Québec J4G 1G4
Téléphone: 450-640-1237
Télécopieur: 450-674-6237
Internet: www.messageries-adp.com
*   filiale du Groupe Sogides inc.,
    filiale de Quebecor Media inc.

Pour la France et les autres pays:
INTERFORUM editis
Immeuble Paryseine, 3, allée de la Seine
94854 Ivry CEDEX
Téléphone: 33 (0) 1 49 59 11 56/91
Télécopieur: 33 (0) 1 49 59 11 33
Service commandes France Métropolitaine
Téléphone: 33 (0) 2 38 32 71 00
Télécopieur: 33 (0) 2 38 32 71 28
Internet: www.interforum.fr
Service commandes Export – DOM-TOM
Télécopieur: 33 (0) 2 38 32 78 86
Internet: www.interforum.fr
Courriel: cdes-export@interforum.fr

Pour la Suisse:
INTERFORUM editis SUISSE
Case postale 69 – CH 1701 Fribourg – Suisse
Téléphone: 41 (0) 26 460 80 60
Télécopieur: 41 (0) 26 460 80 68
Internet: www.interforumsuisse.ch
Courriel: office@interforumsuisse.ch
Distributeur: OLF S.A.
ZI. 3, Corminboeuf
Case postale 1061 – CH 1701 Fribourg – Suisse
Commandes:
Téléphone: 41 (0) 26 467 53 33
Télécopieur: 41 (0) 26 467 54 66
Internet: www.olf.ch
Courriel: information@olf.ch

Pour la Belgique et le Luxembourg:
INTERFORUM BENELUX S.A.
Fond Jean-Pâques, 6
B-1348 Louvain-La-Neuve
Téléphone: 32 (0) 10 42 03 20
Télécopieur: 32 (0) 10 41 20 24
Internet: www.interforum.be
Courriel: info@interforum.be

FRÈRE VICTOR-ANTOINE D'AVILA-LATOURRETTE

LES BONNES SOUPES DU MONASTÈRE

LES ÉDITIONS DE L'HOMME

Une compagnie de Quebecor Media

À mes chers amis et voisins
Lucy et Wigbold Van Limburg Stirum
et à Silvia Koner,
pour leur amitié sans faille
qui m'a donné la force
de terminer la rédaction de ce livre.

Préface

Qui mange de la soupe de l'entrée au dessert vivra centenaire.

PROVERBE FRANÇAIS

Depuis l'Antiquité, les soupes tiennent une place très importante dans la nourriture quotidienne des monastères. C'est toujours vrai aujourd'hui, surtout dans les monastères de France où la soupe est souvent servie deux fois par jour au repas du midi, le déjeuner, et à celui du soir, le souper, comme on les appelle là-bas. L'attrait de la soupe est universel et on semble même être attirés par la soupe instinctivement. Les soupes conviennent en tout temps, chaudes pendant l'hiver et froides pendant l'été. J'ai toujours constaté que les hôtes de notre monastère étaient réconfortés après le bol de soupe que nous leur offrions à leur arrivée. Celui-ci semble en effet annoncer la chaleur humaine et la paix qu'ils trouveront lors de leur séjour chez nous.

Les soupes de ce livre sont présentées dans l'ordre des douze mois de l'année et mettent en vedette les produits frais que l'on peut trouver à chacune de ces époques. Ce livre offre donc une bonne sélection de soupes pour tous les mois de l'année à tous ceux qui aiment en faire et en manger une grande variété et il leur offre même la chance de diversifier leur expérience dans l'art de les préparer. Les recettes de ce livre comportent des veloutés et des consommés classiques autant que des soupes consistantes, des simples bouillons ainsi que des soupes à base de crème et des potages plus élaborés. J'ai délibérément réduit les étapes de chacune d'entre elles à l'essentiel pour que tous les lecteurs puissent les réussir. Au cours des années, beaucoup de gens m'ont exprimé leur découragement de devoir essayer de nouvelles recettes très longues et trop compliquées.

Les recettes de ce livre vous aideront à cultiver l'art de préparer la soupe et à réaliser des repas appétissants et nourrissants. Près de 75 % d'entre elles sont végétariennes et le pourcentage qui reste est facile à adapter à ce genre d'alimentation – en remplaçant, par exemple, les bouillons de viande par des bouillons de légumes ou en éliminant la viande des os dans les rares recettes qui en demandent. Un grand nombre d'entre elles ont été créées et «recréées» dans les cuisines du monastère de Notre-Dame de la Résurrection, près de New York. Elles sont inspirées de la simplicité, de la frugalité et de l'esprit de famille de la tradition monastique et elles devraient être appréciées dans l'intimité de la table familiale. Ces recettes ont nourri et réconforté tellement de gens au cours des années qu'elles peuvent satisfaire tous les lecteurs, du plus simple au plus raffiné.

La préparation de la soupe est un art où vous pouvez toujours découvrir de nouvelles choses; vous pouvez donc essayer ces recettes, y goûter et les apprécier. La préparation de la soupe est fondamentale et est intimement liée au quotidien avec tout ce que cela comporte: le rythme du travail de tous les jours, la succession des saisons, la taille et les préférences de la famille, les limites de temps ainsi que la qualité des repas ordinaires autant que des repas de fête. La soupe s'adapte facilement à toutes les situations et circonstances de la vie quotidienne et apporte souvent beaucoup de réconfort. Comme quelqu'un l'a déjà dit, la soupe demeure une amie fidèle en toutes occasions. Appréciez-en donc la préparation à sa juste valeur et faites-en profiter votre famille et vos amis en la partageant avec eux dans un chaleureux esprit de cordialité et d'hospitalité. Dites souvent à vos convives, «À la soupe!» pour les inviter à passer à table, comme on le fait en France.

J'aimerais aussi encourager les lecteurs à utiliser l'art de la préparation de la soupe pour soulager les pauvres et les affamés autour d'eux. Jadis, lorsque les monastères étaient situés à l'intérieur des murs des villes, les moines et les religieuses donnaient du pain et de la soupe aux pauvres qui frappaient à leur porte. Nombre de monastères perpétuent cette tradition évangélique et c'est de là que viennent les «soupes populaires» pour aider les pauvres. Des endroits comme les Petits Frères des pauvres, l'Accueil Bonneau et la Saint-Vincent-de-Paul nourrissent quotidiennement les affamés et réconfortent les pauvres et les affligés en leur offrant un bol de soupe; ces soupes populaires comptent sur le travail de bénévoles pour remplir leur rôle miséricordieux. La préparation, le partage et le don de la soupe faits avec amour et charité sont des occasions de bonheur sans pareilles. Comme Dieu nous le rappelle, tout ce que nous faisons pour les membres les plus humbles de sa famille, nous le faisons aussi pour lui.

Avant de terminer cette introduction, j'aimerais remercier les nombreuses personnes qui m'ont aidé tout au long de la production de ce livre. Avant tout, je remercie mes parents et mes grands-parents, ainsi que tous les moines qui m'ont précédé dans cette cuisine et qui m'ont permis d'assimiler l'art de préparer la soupe. En y réfléchissant bien, une bonne introduction à cet art était absolument indispensable. Merci aussi à tous les amis qui m'ont aidé à rédiger ce manuscrit: Anne Poelzl, Eleanor Moorhouse, Jonathan Henry et sœur J. Regis Catherwood, qui ont passé plusieurs heures à déchiffrer mon manuscrit. Que Dieu dans son royaume puisse se souvenir de leur bonté et de leur dévouement durant toutes ces années.

Je vous souhaite de profiter pendant longtemps avec vos amis et votre famille de la satisfaction qui naît de la préparation et du partage de la soupe.

Frère Victor-Antoine d'Avila-Latourrette

Ingrédients et remplacements

Les recettes présentées ici ont une sorte de caractère universel, car elles proviennent de différentes sources et de tous les coins du monde. Ces recettes sont volontairement rédigées avec une grande simplicité pour que tout le monde – et pas seulement les cuisiniers de profession – aient envie de les essayer et de découvrir l'agrément de préparer, de goûter et de manger la soupe. Pour être parfaitement appréciée, une bonne soupe a besoin d'être servie chaude lorsque la recette le demande (chaque fois que c'est possible, servez une soupe chaude dans un bol réchauffé) ou froide lorsque la recette le précise.

BOUILLON DE LÉGUMES OU DE VIANDE ET FUMET DE POISSON

Le bouillon est la base de la plupart des soupes qui seront meilleures et bien plus riches si vous le préparez à la maison. Toutes les soupes n'en ont cependant pas besoin et, dans certains cas, leur propre bouillon se fabrique à la cuisson. À la fin de cet ouvrage, dans l'annexe, je présente les recettes des quatre bouillons de base – bouillons de viande, de légumes, de poulet ou de poisson (fumet). Les bouillons sont très simples à préparer, mais il faut prendre le temps de les faire. Lorsque le cuisinier est pressé et qu'il n'a pas eu le temps

de préparer le bouillon à l'avance, il peut parfaitement utiliser des cubes de bouillon ou les bouillons et les consommés en conserve que l'on trouve au supermarché. Pour ma part, je ramène des cubes de bouillon de France et je les utilise très souvent. Vous devez toutefois être conscients que les cubes de bouillon et les bouillons en conserve que l'on trouve en Amérique du Nord sont assez salés et ne sont donc pas forcément conseillés à ceux qui suivent des régimes à basse teneur en sodium. Si vous utilisez des cubes de bouillon, n'ajoutez pas de sel à la soupe.

Dans certaines recettes, on précise la sorte de bouillon qui doit être utilisée pour conserver à la soupe son authenticité. La plupart des autres recettes emploient le terme générique de «bouillon» dans la liste des ingrédients et, lorsque aucun bouillon précis n'est mentionné, vous pouvez choisir celui que vous préférez. (Bien entendu, les végétariens doivent toujours choisir un bouillon de légumes.) Sentez-vous cependant libres d'essayer toutes sortes de bouillons jusqu'à ce que vous trouviez celui que vous préférez.

Bouillon de légumes

Une manière très pratique de préparer un bouillon de légumes consiste à conserver l'eau de cuisson de vos légumes. Recueillez-la tous les jours pendant une semaine dans un grand récipient que vous conservez au réfrigérateur pour obtenir un bouillon de base prêt à utiliser et plein d'éléments nutritifs.

Faire mijoter

«Faire mijoter» est l'une des expressions les plus utilisées quand on parle de soupe. Cela fait partie intégrante du processus et ne doit pas être pris à la légère. On peut définir cette expression comme le lent mouvement de la soupe qui demeure à la même température tout en cuisant. Le but de cette cuisson très lente est d'extraire le maximum de saveur des ingrédients.

Soupes à la crème et crème de garniture

Il est possible de préparer un grand nombre de soupes sans gras. Pour l'obtention d'une texture crémeuse, les soupes à la crème nécessitent l'utilisation de lait, de crème épaisse, de yogourt ou de crème sure (crème aigre). Dans la plupart des recettes de ce livre, vous pouvez remplacer le lait ordinaire par du lait à 2 %, à 1 % ou par du lait écrémé, le yogourt ordinaire par du yogourt à 2 %, à 1 % ou à 0,1 % et la crème sure (crème aigre) ordinaire par de la crème sure (crème aigre) légère. Dans certains cas, la soupe requiert de la crème à 35 % et il est difficile de la remplacer sans en modifier la nature et la qualité. Mais le gras est partagé entre toutes les portions et chaque convive n'en consomme qu'une petite quantité. Si une soupe requiert un grand nombre d'œufs — 4, par exemple —, et que vous êtes soucieux de votre consommation de gras et de cholestérol, vous pouvez diviser ce nombre par deux et la soupe sera aussi bonne tout en étant beaucoup moins grasse. Comme garniture, vous pouvez aussi remplacer la crème à 35 % par de la crème sure (crème aigre).

GRAS

Dans la préparation de la plupart des soupes, il faut utiliser un corps gras, huile ou beurre. Vous pouvez aussi utiliser l'huile que vous préférez dans les recettes où aucune huile particulière n'est précisée. De nombreux cuisiniers, dont moi-même, choisissent presque toujours l'huile d'olive parce que c'est la plus saine, surtout si vous surveillez votre taux de cholestérol. (Utilisez de préférence de l'huile d'olive extra-vierge.) Certaines recettes régionales comme celles de Toscane, de Provence ou d'Espagne requièrent de l'huile d'olive pour l'authenticité de leur saveur et vous ne devriez pas la remplacer par une autre. Le beurre apporte aussi une saveur distinctive qui se perd si vous le remplacez par une autre matière grasse. Toutefois, ceux qui préfèrent la margarine peuvent en utiliser. Ceux qui suivent un régime alimentaire à basse teneur en gras peuvent réduire d'un tiers la quantité d'huile ou d'autre matière grasse utilisée.

ASSAISONNEMENTS ET HERBES AROMATIQUES

L'un des grands avantages des soupes maison par rapport à celles du supermarché est que vous pouvez en choisir tous les ingrédients; vous êtes donc assurés de leur fraîcheur et de leur qualité. Parce que beaucoup de gens doivent, pour des raisons de santé, diminuer leur consommation de sodium, je recommande une utilisation parcimonieuse du sel de cuisine. Je n'en utilise pas beaucoup dans mes soupes, préférant le remplacer par du jus de citron ou par d'autres épices. N'oubliez pas que ceux qui préfèrent des soupes très salées peuvent toujours rajouter du sel à table.

Autant que possible, lorsque mes recettes demandent du poivre, utilisez du poivre fraîchement moulu.

Les herbes aromatiques et les épices, tout comme le sel et le poivre, doivent être ajoutés au goût et, bien entendu, les herbes aromatiques fraîches ont une saveur bien supérieure à celle des herbes séchées, particulièrement celles du supermarché. Ici au monastère, nous possédons un bon jardin d'herbes aromatiques qui nous assure des herbes fraîches sur notre table pendant toute la saison. Pendant l'hiver, nous conservons dans la serre quelques plants comme le laurier, le thym ou le romarin. Les autres herbes du jardin sont mises à sécher après leur récolte et utilisées sous cette forme.

Janvier

Je donne pour le mois de janvier,
des cours et des châteaux où les feux
brûlent et rougeoyent.

FOLGORE DE SAN GIMIGNANO

Soupe de saint Basile

1 gros oignon, en tranches
225 g (8 oz) de champignons, en tranches
2 branches de céleri, en tranches
2 carottes, en tranches
9 cL (6 c. à soupe) d'huile au choix
2 L (8 tasses) d'eau
2 cubes de bouillon au choix
Sel et poivre, au goût
Persil haché

Laver les légumes et les couper en tranches fines. Verser l'huile dans une marmite. Ajouter les légumes et les faire revenir légèrement pendant 2 à 3 minutes en remuant constamment.

Ajouter l'eau et les cubes de bouillon. Couvrir et laisser cuire lentement à feu doux pendant 30 minutes. Ajouter le sel, le poivre et le persil haché. Laisser mijoter la soupe pendant 10 minutes et la servir bien chaude.

4 à 6 portions.

Cette soupe est la version monastique occidentale d'une soupe qui nous est parvenue d'un monastère orthodoxe du Moyen-Orient – et c'est la raison pour laquelle elle porte le nom du père de cette religion. Saint Basile le Grand (v. 330-379) venait d'une famille remarquable tant par sa richesse et sa distinction que par sa sainteté – ses grands-parents, ses parents et plusieurs de ses frères ayant été canonisés. Lors d'une famine qui eut lieu juste avant sa consécration comme évêque de Césarée en 370, il organisa des soupes populaires et s'occupa personnellement de nourrir les affamés, tout comme il fit don aux pauvres de la fortune dont il avait hérité. La règle de saint Basile est toujours suivie par la plupart des religieuses et des moines grecs orthodoxes et saint Benoît a reconnu que saint Basile avait inspiré sa propre règle.

Soupe aux pois chiches à la provençale

400 g (2 tasses) de pois chiches secs
12 cL (½ tasse) d'huile d'olive
4 blancs de poireaux, émincés
2,5 L (10 tasses) d'eau
225 g (8 oz) d'épinards hachés
4 gousses d'ail, hachées
4 c. à soupe d'herbes de Provence (thym,
　　romarin, origan, marjolaine et feuille
　　de laurier)
Sel et poivre, au goût
1 c. à café (1 c. à thé) de beurre ou de margarine
Croûtons frits (voir recette p. 222)

Laisser tremper les pois chiches pendant toute une nuit. Les rincer à l'eau froide.

Verser l'huile dans une marmite, ajouter les tranches de poireaux et les faire revenir doucement à feu moyen pendant quelques minutes. Ajouter l'eau, les pois chiches, les épinards, l'ail, les herbes aromatiques et les assaisonnements.

Porter la soupe à ébullition, puis diminuer à feu moyen-doux. Couvrir la marmite et cuire doucement la soupe pendant 50 à 60 minutes, jusqu'à ce que les pois chiches soient tendres. Laisser mijoter pendant 15 minutes de plus.

Lorsque la soupe est cuite, l'homogénéiser au mélangeur électrique ou l'écraser au moulin à légumes. Remettre la soupe dans la marmite et la réchauffer avant de la servir dans des bols chauds. Ajouter du beurre ou de la margarine et quelques croûtons frits à chaque portion.

6 portions.

Les pois chiches ont toujours été appréciés dans la cuisine provençale ou, comme c'est le cas ici, dans la cuisine de l'Europe méditerranéenne. Les saveurs combinées des pois chiches, des épinards et des poireaux font un succulent mélange. Et, bien entendu, les pois chiches ajoutent à cette soupe une texture crémeuse. Pour donner une véritable saveur provençale à ce plat, utilisez généreusement les herbes aromatiques et employez de l'huile d'olive extra-vierge de bonne qualité.

Soupe aux champignons à la Marie-Louise

2 branches de céleri, avec leurs feuilles
2 carottes
225 g (8 oz) de champignons frais
1 gros oignon
12 cL (½ tasse) d'huile végétale
1,25 L (5 tasses) d'eau (ou plus, si nécessaire)
1 feuille de laurier
1 cube de bouillon
2 g (1 c. à thé) de thym séché
Sel et poivre, au goût

Couper le céleri, les carottes, les champignons et l'oignon en tranches fines.

Verser l'huile dans une marmite et ajouter l'oignon. Le faire revenir pendant 1 à 2 minutes en remuant constamment. Ajouter le céleri et les carottes, puis continuer à remuer pendant 2 minutes.

Verser l'eau dans la marmite. Ajouter les champignons, le laurier, le cube de bouillon, le thym, le sel et le poivre. Porter à ébullition, puis couvrir et laisser cuire à feu doux pendant 40 minutes. Ôter le laurier et servir la soupe chaude.

4 portions.

La soupe fait un excellent premier plat chaud. Elle est simple à préparer et demande très peu d'attention de dernière minute, mais je trouve qu'elle est toujours très appréciée et les gens pensent que vous avez eu beaucoup plus de difficultés à la préparer que vous n'en avez eu vraiment.

ROSE ELLIOT,
The Festive Vegetarian, 1983

Caldo verde
(soupe au chou portugaise)

12 cL (½ tasse) d'huile d'olive
3 oignons hachés
6 pommes de terre, pelées et coupées en dés
1 petit chou vert pommé, haché
2 L (8 tasses) de bouillon de poulet ou d'eau
0,25 L (1 tasse) de vin blanc
Sel et poivre, au goût

Verser l'huile dans une marmite et y faire revenir doucement les oignons pendant 5 minutes en remuant souvent.

Ajouter les pommes de terre, le chou, le bouillon, le vin, le sel et le poivre. Porter la soupe à ébullition, puis baisser le feu et couvrir la marmite. Laisser mijoter la soupe pendant une heure. Éteindre le feu et laisser reposer la soupe pendant 10 minutes. Servir chaud.

6 portions.

Soupe aux artichauts et aux pommes de terre

8 cL (⅓ tasse) d'huile d'olive

2 petits oignons hachés

2 gousses d'ail, hachées

0,5 L (2 tasses) de vin blanc sec

6 pommes de terre, pelées et en dés

800 g (28 oz) de cœurs d'artichaut en conserve,
    égouttés et hachés

2 c. à soupe de jus de citron

1,5 L (6 tasses) de bouillon de poulet
    ou de légumes

1 feuille de laurier

Sel et poivre, au goût

Persil haché finement, comme garniture

Verser l'huile d'olive dans une marmite et ajouter les oignons. Les faire revenir doucement à feu doux pendant 2 minutes. Ajouter l'ail et faire revenir pendant encore 1 minute. Ajouter le vin, couvrir la marmite et cuire à feu très doux pendant 5 minutes de plus.

Ajouter les pommes de terre, les cœurs d'artichaut et le jus de citron. Bien remuer, couvrir la marmite et laisser cuire à feu très doux pendant 5 minutes de plus.

Ajouter le bouillon, le laurier, le sel et le poivre. Porter la soupe à ébullition en remuant de temps à autre. Laisser bouillir pendant 5 minutes, puis baisser le feu, couvrir la marmite et laisser mijoter pendant 30 minutes. Ôter le laurier et servir la soupe chaude. Garnir chaque portion en la parsemant de persil haché.

6 portions.

Crème de pois

1,25 L (5 tasses) d'eau
200 g (1 tasse) de pois cassés secs
1 oignon haché
1 carotte hachée
3 cubes de bouillon
1 feuille de laurier
Sel, au goût
5 g (1 c. à thé) de sucre cristallisé
4 brins de persil, hachés finement
3 c. à soupe d'huile au choix ou
    35 g (3 c. à soupe) de beurre ou
    de margarine
30 g (3 c. à soupe) de farine tout usage
0,5 L (2 tasses) de lait
2 jaunes d'œufs

Verser l'eau dans une marmite et ajouter les pois cassés, l'oignon et la carotte. Couvrir la marmite et cuire pendant 30 minutes à feu moyen-doux en remuant de temps à autre. Ajouter les cubes de bouillon, le laurier, le sel, le sucre et le persil. Laisser cuire à feu doux pendant 15 minutes de plus.

Ôter le laurier. Mélanger l'huile, le beurre ou la margarine avec la farine, les réduire en pâte, puis verser cette pâte dans la soupe et remuer. Ajouter le lait. Porter la soupe à ébullition en remuant constamment, puis ajouter les jaunes d'œufs en les mélangeant d'abord dans un bol avec un peu de soupe. Cuire pendant 1 à 2 minutes en remuant constamment sans laisser la soupe atteindre le point d'ébullition. Servir chaud.

4 portions.

Cette recette n'est qu'une version des nombreuses variantes de soupe aux pois. À mon avis, les œufs améliorent la saveur et le moelleux de cette soupe, mais vous pouvez les omettre si vous avez un taux élevé de cholestérol.

Soupe aux choux de Bruxelles

450 g (1 lb) de choux de Bruxelles
3 poireaux
2 L (8 tasses) d'eau
2 cubes de bouillon
6 cL (4 c. à soupe) d'huile d'olive
30 g (3 c. à soupe) de farine tout usage
Sel et poivre, au goût
2 jaunes d'œufs
6 tranches de pain

Couper les choux de Bruxelles en tranches fines. Couper les poireaux en tranches et les faire cuire dans 1 L (4 tasses) d'eau pendant 5 minutes. Ajouter les cubes de bouillon, l'huile d'olive et l'eau qui reste, soit 1 L (4 tasses), et laisser cuire pendant 40 minutes de plus.

Dans un saladier profond, délayer la farine dans 6 cL (4 c. à soupe) de bouillon de la soupe pour former une pâte lisse. Mettre cette pâte dans la soupe, saler, poivrer et laisser cuire pendant 5 minutes de plus. Bien remuer.

Ôter la soupe du feu et battre les jaunes d'œufs dans 9 cL (6 c. à soupe) de bouillon de la soupe.

Déposer une tranche de pain au centre de chaque bol de soupe, napper le pain de 1 c. à café (1 c. à thé) de mélange œufs-bouillon et arroser le tout de plusieurs louches de soupe chaude. Servir immédiatement.

6 portions.

Cette recette originale nous vient de cette partie de l'Europe où le nord de la France et la Belgique se rejoignent et où les choux de Bruxelles sont très populaires dans la cuisine locale. La combinaison de la saveur des poireaux et des choux crée un délicieux mélange dont on se souvient encore plusieurs jours après y avoir goûté. Vous pouvez préparer cette soupe en suivant exactement la recette ou vous pouvez la mélanger avec 0,25 L (1 tasse) de lait dans le mélangeur électrique et la présenter à table comme un potage à la crème. Les deux versions sont délicieuses. La version au lait fait une succulente entrée pour un repas raffiné.

Soupe à l'orzo

12 cL (½ tasse) d'huile d'olive

4 échalotes hachées

1 gousse d'ail, hachée

1,25 L (5 tasses) d'eau ou de bouillon de légumes

0,5 L (2 tasses) de vin blanc sec

1 bouquet garni (origan, thym et feuille de laurier liés ensemble) à retirer avant de servir

Sel et poivre, au goût

60 g (½ tasse) de champignons, hachés finement

150 g (1 tasse) de petits pois frais ou surgelés

130 g (1 tasse) d'orzo (petites pâtes en forme de grains de riz)

Marjolaine séchée ou fraîche (si possible) et romano râpé, comme garniture

Verser l'huile d'olive dans une marmite et y faire revenir doucement les échalotes et l'ail pendant 1 minute en remuant souvent.

Ajouter l'eau, le vin, le bouquet garni, le sel et le poivre, puis porter le mélange à ébullition. Diminuer à feu moyen et ajouter les champignons et les petits pois. Couvrir la marmite et cuire la soupe pendant 30 minutes.

À ce stade, ajouter l'orzo, rectifier l'assaisonnement et rajouter du vin si nécessaire. Couvrir la marmite et laisser mijoter la soupe pendant 15 minutes avant d'ôter le bouquet garni, puis servir la soupe chaude. Parsemer chaque portion de marjolaine et de romano.

6 portions.

De la soupe ou de l'amour,
c'est le premier le meilleur.

PROVERBE ESPAGNOL

Soupe de saint Antoine

6 cL (4 c. à soupe) d'huile au choix
200 g (1 tasse) d'orge
3 carottes râpées
2 poireaux émincés
1 feuille de laurier
30 g (½ tasse) de persil
    ou de cerfeuil frais, haché
Sel, au goût
1,75 L (7 tasses) d'eau
1 cube de bouillon et quelques champignons
    hachés (facultatif)

Verser l'huile dans une marmite et ajouter l'orge en remuant constamment pendant 1 minute. Ajouter immédiatement les carottes, les poireaux, le laurier, le persil ou le cerfeuil, le sel et l'eau.

Cuire la soupe à feu doux à moyen pendant 45 minutes ou jusqu'à ce que l'orge soit tendre. Rajouter de l'eau si nécessaire. Pour améliorer la saveur, ajouter un cube de bouillon et des champignons. Servir chaud.

4 à 6 portions.

Saint Antoine d'Égypte, appelé le Grand, (251-356 apr. J.-C.), est considéré comme le père de tous les moines. Il était extrêmement connu à l'époque médiévale comme guérisseur des hommes et des animaux. À l'âge de 18 ans, il fut tellement frappé par les paroles du Christ «vendez toutes vos possessions, donnez aux pauvres et suivez-moi» que c'est ce qu'il fit. Se retirant dans le désert pour vivre en ermite, il consacra sa vie à Dieu en priant constamment et en subvenant à ses besoins par le jardinage et le tressage de nattes. L'empereur Constantin figure au nombre de tous ceux qui le consultèrent pour obtenir ses conseils spirituels.

Velouté à la Du Barry
(soupe au chou-fleur)

450 g (1 lb) de chou-fleur
2 blancs de poireaux
1 pomme de terre, pelée
1,75 L (7 tasses) d'eau
45 g (4 c. à soupe) de beurre
30 g (3 c. à soupe) de farine tout usage
Sel et poivre blanc, au goût
2 jaunes d'œufs
0,25 L (1 tasse) de vermouth sec
3 cL (2 c. à soupe) de crème sure (crème aigre)
Pincée de noix muscade moulue

Hacher le chou-fleur et les poireaux, puis couper la pomme de terre en dés. Les déposer dans une grande marmite. Ajouter l'eau, couvrir la casserole et cuire à feu moyen-doux pendant 30 minutes.

Faire fondre le beurre dans un autre récipient. Ajouter progressivement la farine, le sel et le poivre, puis faire un roux (mélange épaississant) en remuant vigoureusement. Ajouter un peu du bouillon de la soupe et bien remuer.

Réserver quelques bouquets du chou-fleur cuit, puis homogénéiser le reste du mélange de légumes au mélangeur électrique. Verser la soupe dans une marmite propre. Ajouter le roux, remuer et cuire sans couvercle à feu très doux, sans laisser la soupe atteindre le point d'ébullition.

Battre les jaunes d'œufs dans un saladier profond. Ajouter le vermouth et la crème sure (crème aigre) et mélanger soigneusement. Verser ce mélange dans la soupe. Ajouter la noix muscade et bien remuer. Rectifier l'assaisonnement. Réchauffer la soupe pendant quelques minutes si elle a refroidi, mais veiller à ne pas la laisser bouillir. Servir chaud en garnissant avec les bouquets de chou-fleur réservés.

4 portions.

Cotriade bretonne
(soupe de poissons)

12 cL (½ tasse) d'huile d'olive

3 oignons hachés

6 gousses d'ail, hachées

2,5 L (10 tasses) d'eau

Bouquet garni (thym, feuille de laurier, persil
et cerfeuil liés ensemble) à retirer avant
de servir

8 pommes de terre, coupées en quatre

340 g (¾ lb) de maquereau (ou d'un autre poisson), nettoyé et coupé en cubes

340 g (¾ lb) de morue (cabillaud ou autre),
nettoyée et coupée en cubes

Sel et poivre, au goût

0,25 L (1 tasse) de vin blanc

45 g (6 c. à soupe) de ciboulette (ou de cerfeuil), ciselée

Croûtons (voir recette p. 222)

Vinaigrette

12 cL (½ tasse) d'huile d'olive

6 cL (¼ tasse) de vinaigre balsamique

Sel et poivre, au goût

1 c. à soupe de moutarde (1 pincée de
moutarde sèche)

Persil ou cerfeuil frais, haché, comme garniture
(facultatif)

Verser l'huile d'olive dans une marmite et y
faire légèrement revenir les oignons pendant
2 à 3 minutes. Ajouter l'ail, l'eau et le bouquet
garni, puis porter à ébullition.

Ajouter les pommes de terre, couvrir la marmite et laisser cuire lentement pendant
30 minutes. Ajouter le poisson, le sel, le poivre
et le vin, couvrir de nouveau et laisser cuire la
soupe en la faisant bouillir légèrement pendant
15 minutes de plus.

Ôter la marmite du feu et filtrer la soupe
dans une passoire. Mettre les solides (pommes
de terre et poisson) de côté. À la louche,
répartir le bouillon de la soupe dans des bols
profonds, parsemer de ciboulette ou de cerfeuil,
garnir avec les croûtons et servir chaud.

Préparer la vinaigrette en mélangeant tous
les ingrédients. Répartir uniformément le poisson et les pommes de terre dans les bols.
Napper de vinaigrette et servir immédiatement
après la soupe. Vous pouvez utiliser du persil ou
du cerfeuil frais, haché, comme garniture sur la
vinaigrette.

6 à 8 portions.

Pour un supplément de saveur, vous pouvez ajouter 0,25 L (1 tasse) de vin
blanc sec de plus au bouillon.

Cherbah
(soupe arabe)

6 cL (¼ tasse) d'huile d'olive

3 oignons, en tranches

6 tomates, pelées et grossièrement hachées

3 gousses d'ail, hachées

160 g (6 oz) de piments rouges en conserve, hachés

20 g (½ tasse) de feuilles de menthe fraîche, ciselées

1,5 L (6 tasses) de bouillon de légumes ou de viande (ou 3 cubes de bouillon dans l'eau)

4 c. à soupe de jus de citron

Sel et poivre, au goût

1 jaune d'œuf, battu

6 tranches de pain

Faire chauffer l'huile d'olive dans une marmite. Ajouter les oignons, les tomates et l'ail, puis les faire revenir pendant 3 minutes en remuant souvent.

Ajouter les piments et la menthe et bien mélanger. Tout de suite après, ajouter le bouillon (ou l'eau et les cubes de bouillon) et le jus de citron, puis porter à ébullition. Couvrir la soupe, diminuer à feu moyen-doux et laisser mijoter pendant 30 minutes.

Ajouter le sel et le poivre, puis délayer le jaune d'œuf dans 6 cL (4 c. à soupe) de soupe. Ajouter ce mélange à la soupe et remuer vigoureusement pour que le tout soit bien mélangé. Servir la soupe chaude sur une tranche de pain placée au centre de chaque portion.

4 à 6 portions.

Soupe aux doliques

6 cL (¼ tasse) d'huile d'olive

2 oignons ou poireaux, hachés

1 navet, coupé en dés

200 g (1 tasse) de doliques à œil noir
  (ou 420 g (15 oz) de doliques en conserve)

1,75 L (7 tasses) de bouillon de légumes ou de
  poulet

120 g (⅔ tasse) de riz

Sel et poivre, au goût

1 feuille de laurier

6 c. à soupe de jus de citron (ou le jus
  de 2 citrons)

Pincée de cumin

20 g (⅓ tasse) de persil frais, haché

Verser l'huile dans une marmite et y faire revenir les oignons ou les poireaux pendant 2 à 3 minutes ou jusqu'à ce qu'ils soient dorés.

Ajouter le navet, les doliques, le bouillon, le riz, le sel, le poivre et le laurier, puis porter la soupe à ébullition. Diminuer à feu moyen-doux, couvrir la marmite et laisser mijoter doucement la soupe pendant 45 minutes ou jusqu'à ce que les doliques soient cuits.

Ajouter le jus de citron, le cumin et bien remuer. Couvrir la soupe et la laisser reposer pendant 5 minutes. Ôter le laurier et servir chaud. Parsemer chaque portion d'un peu de persil frais.

6 portions.

Soupe de panais à l'anglaise

6 cL (¼ tasse) d'huile au choix ou
   45 g (¼ tasse) de beurre ou de margarine
4 panais, pelés et coupés en dés
2 pommes de terre moyennes, pelées et en dés
1 gros oignon, haché
1 gousse d'ail, hachée
3 g (1 c. à thé) de cari en poudre
2 g (½ c. à thé) de gingembre moulu
1,5 L (6 tasses) de bouillon au choix
12 cL (½ tasse) de crème légère ou
   à 35 %
Sel et poivre blanc, au goût
Persil haché, en garniture

Faire fondre le beurre ou la margarine ou verser l'huile dans une marmite de grande taille, puis ajouter les légumes préparés et l'ail. Les faire revenir légèrement pendant 2 à 3 minutes.

Saupoudrer de cari et de gingembre et bien remuer les légumes. Ajouter le bouillon et porter la soupe à ébullition. Baisser le feu, couvrir et laisser mijoter la soupe pendant 30 minutes.

Homogénéiser la soupe au mélangeur électrique ou au robot de cuisine jusqu'à ce qu'elle devienne épaisse et crémeuse, puis la remettre dans la marmite. Réchauffer la soupe, ajouter la crème, le sel, le poivre et bien remuer. Rajouter du cari si nécessaire. Ne pas laisser la soupe atteindre de nouveau le point d'ébullition. Servir la soupe chaude en la garnissant avec un peu de persil haché.

6 à 8 portions.

L'amour du panais et le goût pour ce légume semblent particuliers aux habitants des îles britanniques et sont également partagés par les Anglais et les Irlandais. Les Européens et les Sud-Américains considèrent le panais comme un aliment pour le bétail et les cochons. Il est parfois utilisé en France dans les ragoûts, mais assez rarement. Aux États-Unis, le panais est souvent utilisé dans des soupes avec d'autres légumes. Pour ma part, j'aime la saveur de ce légume et je pense que cette soupe est un exemple du bon usage que l'on peut en faire.

Crème d'épinards

280 g (1 paquet) d'épinards frais ou surgelés
1 oignon, en tranches
6 cL (4 c. à soupe) d'huile d'olive
1,75 L (7 tasses) de bouillon de poulet
3 œufs
50 g (6 c. à soupe) de parmesan râpé
Sel, poivre et noix muscade moulue, au goût
6 tranches de pain
2 gousses d'ail, hachées

Laver soigneusement les épinards et s'assurer qu'ils sont bien nettoyés, puis les hacher. Hacher l'oignon.

Verser l'huile d'olive dans une marmite et y faire rapidement sauter les épinards et l'oignon. Après 3 minutes, ajouter le bouillon de poulet et cuire à feu doux pendant 30 minutes. Rajouter un peu de bouillon si nécessaire.

Battre ensemble les œufs et le parmesan dans un saladier profond. Ajouter le sel, le poivre et la noix muscade, puis mélanger très bien le tout.

Homogénéiser la soupe dans le mélangeur électrique jusqu'à ce qu'elle soit épaisse et crémeuse, puis la remettre dans la marmite. Ajouter le mélange œufs-parmesan et remuer continuellement jusqu'à ce que tous les éléments soient bien mélangés. Réchauffer la soupe à feu doux pendant 5 à 8 minutes.

Frotter les tranches de pain avec l'ail et les mettre au four chaud pendant quelques minutes. Déposer une tranche de pain dans chaque bol et y verser immédiatement la soupe chaude par-dessus. Servir chaud.

6 portions.

Février

Viens quand les pluies
Auront irisé la neige et glacé les arbres,
lorsque le pauvre soleil de février éclairera
Les boudoirs du flot de sa lumière.

WILLIAM CULLEN BRYANT

Potage de navets

450 g (1 lb) de navets
2 oignons ou échalotes
175 g (1 tasse) de riz
1,5 L (6 tasses) d'eau
0,5 L (2 tasses) de lait entier ou de lait
    partiellement écrémé, à 1 % ou à 2 %
12 cL (½ tasse) de crème à 35 % ou de crème
    légère, à 15 %
20 g (2 c. à soupe) de beurre ou de margarine
Sel et poivre, au goût
Croûtons (facultatif; voir recette p. 222)

Couper les navets en quatre et les déposer dans une marmite. Ajouter les oignons ou les échalotes, le riz et l'eau, couvrir et laisser cuire à légère ébullition en remuant de temps à autre, jusqu'à ce que les légumes et le riz soient cuits.

À l'écumoire, ôter les solides, les réduire en purée et les remettre dans la soupe.

Ajouter le lait en remuant constamment et en réchauffant la soupe jusqu'au point d'ébullition. Ajouter la crème, le beurre ou la margarine, le sel et le poivre, puis remuer pendant 1 minute de plus. Servir chaud et garnir chaque portion avec quelques croûtons.

4 portions.

Le navet aurait droit à un bien meilleur traitement que celui qu'on lui réserve dans la plupart des cuisines. C'est l'un des plus vieux légumes cultivés par l'homme pour ses feuilles et ses racines comestibles depuis plus de 4 000 ans. Il est populaire en France où il entre souvent dans la préparation de plats raffinés et où il est souvent apprêté de manière innovatrice, mais on exploite peu cet aspect aux États-Unis.

BERNARD CLAYTON FILS,
The Complete Book of Soups and Stews

Soupe de sainte Scholastique

3 L (12 tasses) d'eau (ou plus, si nécessaire)
135 g (⅔ tasse) de lentilles
135 g (⅔ tasse) de pois cassés
100 g (½ tasse) de haricots de Lima
2 poireaux, hachés finement
4 échalotes, hachées finement
2 longues carottes, hachées finement
2 navets moyens, hachés finement
1 branche de céleri, hachée finement
1 petite laitue, hachée finement
85 g (3 oz) de beurre ou de margarine
Sel et poivre, au goût

Verser l'eau dans une grande marmite. Ajouter les lentilles, les pois cassés et les haricots de Lima avant de porter à ébullition.

Ajouter les poireaux, les échalotes, les carottes, les navets et le céleri. Couvrir et laisser bouillir à feu moyen pendant 30 minutes. Ajouter ensuite la laitue et laisser mijoter pendant 30 minutes de plus à feu très doux.

Ajouter le beurre ou la margarine, le sel, le poivre et bien remuer. Sans ôter le couvercle, laisser reposer la soupe pendant 10 à 15 minutes. Servir chaud.

4 portions.

Sainte Scholastique (v. 480 - v. 543) était la sœur jumelle de saint Benoît et l'une des premières femmes à avoir embrassé la vie monastique sous la règle édictée par son frère. Une fois l'an, ils se rencontraient tous deux à mi-chemin de leurs monastères respectifs. Pour leur dernière visite, après que Benoît eut résisté à la demande de sa sœur de prolonger leur discussion sur les délices du paradis, elle pria pour que la pluie le retienne et elle fut exaucée par un violent orage. La fête de cette mère vénérée des religieuses est célébrée le 10 février et c'est l'une de ces délicieuses fêtes monastiques qui illuminent nos longs hivers sombres.

Soupe de lentilles
à la française

9 cL (6 c. à soupe) d'huile d'olive
1 gros oignon, haché
2 gousses d'ail, hachées
300 g (1 ½ tasse) de lentilles
3 L (12 tasses) d'eau (ou plus, si nécessaire)
1 branche de céleri, en tranches fines
1 navet, coupé en dés
1 bouquet de feuilles d'oseille ou d'épinard
1 feuille de laurier
1 grosse carotte, en fines rondelles
1 grosse pomme de terre, coupée en dés
0,25 L (1 tasse) de sauce tomate
Sel et poivre, au goût
80 g (½ tasse) de riz cuit (facultatif)

Verser l'huile d'olive dans une marmite et y faire doucement revenir l'oignon et l'ail pendant 2 minutes en remuant constamment.

Bien rincer les lentilles et les mettre dans la marmite. Ajouter l'eau, les légumes coupés et le reste des ingrédients, sauf le sel, le poivre et le riz. Porter à ébullition, puis diminuer à feu moyen, couvrir et laisser cuire lentement pendant une heure.

Ajouter le sel et le poivre, puis laisser mijoter la soupe pendant un peu plus longtemps. Ôter le laurier et servir chaud. Si désiré, ajouter le riz cuit.

6 à 8 portions.

Il existe d'innombrables variantes de soupes aux lentilles. Cette recette nous vient de France où l'on cultive deux sortes de lentilles qui peuvent être utilisées dans cette soupe (aussi bien les vertes que les brunes). Ces lentilles françaises sont un peu plus petites et croquantes que celles que l'on trouve dans les supermarchés nord-américains. Dans cette recette, on suggère d'ajouter du riz à la soupe pour la simple raison que la combinaison du riz et des lentilles produit une protéine complète nécessaire à l'alimentation quotidienne.

Consommé à l'ail

2 L (8 tasses) de bouillon de poulet (ou plus, si nécessaire) (ou 4 cubes de bouillon dans l'eau)

10 gousses d'ail, hachées

0,25 L (1 tasse) de vin blanc

1 bouquet garni (thym, feuille de laurier et persil enveloppés dans une mousseline)

Sel et poivre, au goût

1 goutte de sauce tabasco

12 cL (½ tasse) de crème à 35 %

2 jaunes d'œufs, battus

Porter le bouillon à ébullition (ou l'eau et les cubes de bouillon). Ajouter l'ail, le vin et le bouquet garni. Couvrir la marmite et cuire à feu doux pendant une heure. Rajouter de l'eau au besoin.

Filtrer le consommé à travers une passoire fine et en jeter tous les solides. Remettre le consommé dans la marmite et ajouter le sel, le poivre et le tabasco. Porter à ébullition et laisser la soupe mijoter pendant 10 minutes.

Juste avant de servir, battre ensemble la crème et les jaunes d'œufs. Verser ce mélange dans le consommé et bien remuer. Servir immédiatement.

6 portions.

Il est bien certain que l'une des plus grandes satisfactions de la vie est de préparer un repas vraiment délicieux, un de ces repas qui nourrit le corps et qui égaye l'esprit, et dont on se souvient avec plaisir pendant longtemps.

ROSE ELLIOT,
The Festive Vegetarian

Soupe d'orge
à la polonaise

6 cL (4 c. à soupe) d'huile végétale

3 poireaux hachés

2 carottes, pelées et tranchées

1 cœur de céleri, haché

1 navet, coupé en dés

2 L (8 tasses) de bouillon de viande ou de légumes

125 g (1 tasse) d'orge perlé

Sel et poivre, au goût

25 g (⅓ tasse) de persil, haché

Crème sure (crème aigre)

Verser l'huile dans une marmite et y faire doucement revenir les poireaux, les carottes, le céleri et le navet pendant 3 minutes en remuant souvent.

Ajouter le bouillon, l'orge, le sel et le poivre, puis porter la soupe à ébullition. Baisser le feu, couvrir et laisser lentement mijoter pendant 45 à 50 minutes. Ajouter le persil, bien remuer et éteindre le feu. Couvrir la marmite et laisser reposer la soupe pendant 10 minutes.

Servir la soupe chaude en déposant 1 c. à café (1 c. à thé) de crème sure (crème aigre) au centre de chaque portion.

4 à 6 portions.

Soupe aux haricots noirs à la mexicaine

8 cL (⅓ tasse) d'huile d'olive

1 gros oignon jaune, haché

4 gousses d'ail, hachées

1 piment rouge (piment jalapeño), haché finement

2 tomates, pelées et hachées

800 g (30 oz) de haricots noirs en conserve

2 pommes de terre, pelées et coupées en dés

1,75 L (7 tasses) d'eau

1 cube de bouillon

15 g (½ tasse) de coriandre fraîche, ciselée

1 c. à soupe de cumin

2 c. à soupe de jus de lime (citron vert)

Sel et poivre, au goût

Crème sure (crème aigre) et coriandre fraîche comme garniture

Verser l'huile d'olive dans une marmite de grande taille et y faire revenir l'oignon pendant 2 minutes. Ajouter l'ail, le piment jalapeño et les tomates, puis les faire revenir à feu moyen pendant 2 minutes de plus en remuant souvent, jusqu'à consistance d'une sauce normale.

Ajouter les haricots directement de leur boîte avec leur jus, les pommes de terre, l'eau et le cube de bouillon, puis diminuer à feu moyen-doux. Couvrir et laisser cuire lentement pendant 20 minutes.

Ajouter la coriandre, le cumin, le jus de lime, le sel et le poivre. Bien remuer, couvrir et laisser cuire pendant 10 minutes de plus avant d'éteindre le feu et de laisser la soupe reposer pendant 5 minutes. Servir chaud et garnir le centre de chaque portion avec 1 c. à café (1 c. à thé) de crème sure (crème aigre) entourée de coriandre, fraîchement hachée.

6 portions.

Cette soupe est une variante des nombreuses soupes mexicaines aux haricots noirs. Elles est particulièrement nourrissante et possède une saveur originale à cause du piment jalapeño, du cumin, du jus de lime et de la coriandre, qui sont tous des assaisonnements populaires dans la cuisine mexicaine. La saveur piquante du piment jalapeño peut être adoucie si l'on en diminue la quantité de moitié. On peut même omettre complètement le piment jalapeño. Mais, par ailleurs, la garniture est très importante dans le succès de cette soupe et je vous recommande vivement de ne pas l'omettre.

Minestrone à la scarole et aux haricots

1 gros oignon jaune, haché
12 cL (½ tasse) d'huile d'olive
6 gousses d'ail, hachées
1 gros navet, coupé en dés
4 tomates, pelées et hachées
400 g (2 tasses) de haricots blancs déjà cuits ou
   800 g (32 oz) de haricots blancs en conserve
1,75 L (7 tasses) d'eau
0,25 L (1 tasse) de vin blanc
1 scarole moyenne, hachée
Sel et poivre, au goût
Parmesan râpé (facultatif)

Dans une grande soupière, faire revenir l'oignon dans l'huile pendant 1 à 2 minutes. Ajouter l'ail haché et bien le mélanger avec l'oignon en remuant souvent. Ajouter le navet et les tomates et cuire la soupe pendant 5 minutes à feu moyen en remuant souvent.

Ajouter les haricots cuits, l'eau et le vin, remuer la soupe et la porter à ébullition. Ajouter la scarole et cuire la soupe pendant 25 minutes à feu moyen. Saler, poivrer et laisser mijoter pendant 10 minutes de plus. Servir chaud. Vous pouvez parsemer le dessus de la soupe de parmesan râpé.

4 à 6 portions.

La saveur légèrement amère de la scarole est toujours agréable, surtout si cette salade est le principal ingrédient d'une soupe italienne traditionnelle. Comme de nombreuses autres salades, la scarole est extrêmement riche en vitamines et en minéraux et on peut la trouver dans les supermarchés pendant toute l'année. Dans cette recette, combinée à des haricots blancs, elle entre dans la préparation d'une soupe merveilleusement riche et savoureuse. Pour plus de saveur, ajouter un cube de bouillon – de poulet, par exemple, ou d'une autre sorte de bouillon au choix. Vous pouvez aussi ajouter 0,25 L (1 tasse) de vin blanc sec pour rehausser la saveur de cette soupe.

Crème de poireaux provençale à l'ancienne

12 cL (½ tasse) d'huile d'olive

12 blancs de poireaux, hachés

2 L (8 tasses) d'eau

120 g (3 tasses) de pain rassis de la veille
  (ou davantage), émietté

Sel et poivre, au goût

3 jaunes d'œufs (ou au moins 2)

0,5 L (2 tasses) de lait

Croûtons, comme garniture
  (voir recette p. 222)

Verser l'huile dans une grande soupière et y faire revenir les poireaux à feu doux pendant quelques minutes, en remuant souvent. (Ne pas les laisser dorer ni changer de couleur.) Ajouter immédiatement l'eau et porter à ébullition.

Ajouter le pain rassis. Couvrir et laisser mijoter la soupe pendant 30 minutes, jusqu'à ce que les poireaux soient bien cuits. Ajouter le sel et le poivre. Filtrer la soupe à travers une passoire ou l'homogénéiser au mélangeur électrique. Remettre la soupe dans la marmite et la conserver au chaud.

Casser les œufs dans un petit saladier et les battre. Ajouter le lait, du sel et du poivre et bien mélanger le tout. Ajouter ce mélange à la soupe, la réchauffer, bien la remuer et la servir tandis qu'elle est chaude. Garnir la soupe en la parsemant de croûtons.

6 à 8 portions.

Soupe campagnarde champignons et crème sure (crème aigre)

450 g (1 lb) de champignons frais,
   hachés finement
1 grosse carotte, en julienne
1 pomme de terre, coupée en dés
2 gros oignons, en tranches fines
12 cL (½ tasse) d'huile d'olive
1,5 L (6 tasses) d'eau (ou plus, si nécessaire)
1 cube de bouillon
Sel et paprika, au goût
0,25 L (1 tasse) de crème sure (crème aigre)
Ciboulette ciselée comme garniture

Préparer les légumes. Verser l'huile dans une marmite et y faire revenir les champignons, la carotte, la pomme de terre et les oignons pendant 3 à 4 minutes en remuant constamment.

Ajouter l'eau et le cube de bouillon, couvrir et cuire lentement à feu moyen pendant 30 à 40 minutes. Ajouter le sel, le paprika et la crème sure (crème aigre). Remuer pour bien mélanger et laisser mijoter pendant 10 minutes. Servir la soupe chaude et la parsemer de ciboulette comme garniture.

4 portions.

Voici une succulente soupe à la crème, délicieusement agrémentée de fines tranches de champignon. (Pour ne pas dénaturer la saveur et la texture d'une soupe, on ne doit jamais remplacer les champignons frais par des champignons en conserve.) La crème sure (crème aigre) ajoute une touche originale à cette soupe qui doit toujours être servie chaude.

Bouillabaisse
à la marseillaise

8 cL (⅓ tasse) d'huile d'olive

2 oignons hachés

4 gousses d'ail, hachées

3 tomates, pelées, évidées et hachées

1 bulbe de fenouil, haché finement

6 brins de persil, hachés finement

Sel et poivre, au goût

2 L (8 tasses) d'eau

1 feuille de laurier

3 pommes de terre, pelées et coupées en dés

8 pétoncles ou moules (sans la coquille)

8 grosses crevettes

225 g (½ lb) de poisson (églefin, morue, flétan,
baudroie, sébaste, rascasse ou congre),
nettoyé et coupé en petit morceaux

Grosse pincée de safran

0,25 L (1 tasse) de vin blanc sec

Rouille (sauce froide à l'ail; facultatif)

4 gousses d'ail, pelées et écrasées

2 jaunes d'œufs

1 c. à soupe de jus de citron (ou de vin blanc
sec)

1 c. à soupe de moutarde de Dijon

Sel et paprika, au goût

37 cL (1 ½ tasse) d'huile d'olive

Faire chauffer l'huile dans une marmite de grande taille. Ajouter les oignons, l'ail, les tomates et le fenouil, puis les faire revenir à feu doux pendant 2 à 3 minutes.

Ajouter le persil, le sel, le poivre, l'eau et le laurier, puis porter la soupe à légère ébullition. Laisser mijoter pendant quelques minutes, puis ajouter les pommes de terre, les pétoncles ou les moules, les crevettes, le poisson, le safran et le vin. Bien remuer.

Couvrir la marmite et cuire la bouillabaisse à feu élevé pendant 15 minutes. Diminuer ensuite le feu, puis laisser mijoter la soupe pendant 15 minutes de plus.

Pour préparer la rouille ou ailloli, mélanger tous les ingrédients, sauf l'huile dans un saladier profond. Au batteur électrique, battre à vitesse lente en ajoutant l'huile goutte à goutte jusqu'à ce que la rouille épaississe et prenne la consistance de la mayonnaise. Réfrigérer avant de servir.

Répartir la bouillabaisse à la louche dans des bols à soupe ou mettre les pommes de terre et le poisson ensemble dans un autre bol, ôter le laurier et servir seulement le bouillon sur les tranches de pain recouvertes de rouille. Dans ce cas, servir ensuite les pommes de terre et le poisson dans l'autre bol en l'accompagnant d'un peu plus de rouille.

6 à 8 portions.

Cette bouillabaisse, un noble plat

est

– Une sorte de soupe, de bouillon ou de préparation,

Ou de mélange de toutes sortes de

poissons,

Que même Greenwich n'aurait jamais pu identifier;

Verdures, poivrons rouges, moules, safran,

Sole, oignons, ail, gardon et carpe;

Tous ceux que vous mangez à la taverne Terre

Dans ce plat unique nommé Bouillabaisse.

WILLIAM MAKEPEACE THACKERAY,
Ballad of Bouillabaisse

Soupe du Berry
(soupe aux haricots rouges)

12 cL (½ tasse) d'huile d'olive

3 oignons, émincés

600 g (3 tasses) de haricots rouges déjà cuits ou
la même quantité de haricots rouges
en conserve

1 bouteille de vin rouge

1 L (4 tasses) d'eau ou de bouillon de légumes

1 os de jambon

1 feuille de laurier

Sel et poivre, au goût

2 g (¼ c. à thé) de muscade moulue

Verser l'huile d'olive dans une marmite, ajouter les oignons et les faire revenir pendant 2 à 3 minutes. Ajouter les haricots rouges, le vin, l'eau ou le bouillon, l'os de jambon et le laurier. Porter la soupe à ébullition, puis diminuer à feu moyen-doux, couvrir la marmite et laisser mijoter la soupe pendant une heure.

Ajouter le sel, le poivre et la noix muscade. Bien remuer et continuer la cuisson pendant 15 minutes de plus. Éteindre le feu et laisser la soupe reposer pendant 10 minutes. Ôter le laurier et l'os de jambon, puis servir la soupe chaude.

6 portions.

Potage aux raviolis

8 cL (⅓ tasse) d'huile d'olive

2 échalotes hachées

3 tomates pelées, évidées et hachées

150 g (1 ½ tasse) d'épinards hachés

1,25 L (5 tasses) de bouillon de poulet
   (ou 2 cubes de bouillon dans l'eau)

560 g (20 oz) de petits raviolis frais ou surgelés

Sel et poivre, au goût

4 brins de cerfeuil, ciselés

2 cL (1 c. à soupe et 1 c. à thé) de crème à
   35 % ou de crème sure (crème aigre),
   comme garniture

Verser l'huile dans une marmite de bonne taille. Ajouter les échalotes et les tomates, puis les faire revenir doucement pendant 3 minutes.

Ajouter les épinards et le bouillon (ou l'eau et les cubes de bouillon), remuer et porter lentement la soupe à ébullition. Laisser mijoter pendant 15 minutes.

Ajouter les raviolis, le sel et le poivre. Couvrir la marmite et laisser mijoter pendant 8 minutes de plus. Ajouter le cerfeuil, remuer et couvrir la marmite. Éteindre le feu et laisser reposer la soupe pendant 5 minutes. Servir la soupe chaude en déposant 1 c. à café (1 c. à thé) de crème au centre de chaque bol.

4 portions.

Velouté au fromage

1,25 L (5 tasses) de bouillon de poulet

100 g (env. ⅔ tasse) de tapioca

3 jaunes d'œufs

1 L (4 tasses) de crème à 35 % ou de crème
légère, à 15 %

100 g (⅔ tasse) de gruyère ou de parmesan,
râpé

Sel et poivre, au goût

Cerfeuil, haché finement, comme garniture

Faire chauffer le bouillon et le porter lentement à ébullition. Parsemer progressivement le bouillon de tapioca et remuer très bien. Cuire à feu moyen-doux pendant 20 minutes.

Déposer les jaunes d'œufs et la crème dans un saladier profond et bien les battre au batteur électrique. Ajouter lentement le fromage et continuer de battre pour obtenir un mélange lisse.

Verser lentement le mélange précédent dans le bouillon chaud. Ajouter le sel et le poivre en remuant constamment et en mélangeant très bien. Servir la soupe chaude et parsemer chaque portion de cerfeuil haché finement.

4 portions.

Soupe bulgare

2 L (8 tasses) de bouillon de bœuf
4 carottes, coupées en dés
3 navets blancs, coupés en dés
1 petit céleri-rave, coupé en dés
175 g (1 tasse) de riz
1 gros oignon
25 g (2 c. à soupe) de beurre ou de margarine
3 g (1 c. à thé) de farine tout usage
Sel et poivre, au goût
2 œufs
4 c. à soupe de jus de citron
Persil haché

Verser le bouillon dans une grande marmite. Ajouter tous les légumes, sauf l'oignon, puis ajouter le riz, couvrir et cuire lentement à feu moyen pendant 30 minutes.

Peler l'oignon et le couper en tranches. Faire fondre le beurre ou la margarine et y faire revenir rapidement l'oignon, jusqu'à ce qu'il commence à dorer. Ajouter la farine et mélanger soigneusement jusqu'à consistance lisse.

Ajouter cet oignon ainsi que le sel et le poivre à la soupe et la laisser cuire pendant 10 minutes de plus.

Juste avant de servir, bien battre les œufs avec le jus de citron. Ajouter le mélange à la soupe et remuer constamment pendant 1 minute. Servir la soupe chaude en garnissant avec le persil haché finement.

6 portions.

Mars

Haricots blancs, à la fois bons pour la marmite et la bourse,
en étant semés trop tôt, montrent souvent le contraire;
Parce qu'ils sont tendres et détestent le froid,
prouvent que les semer en mars est bien trop audacieux.

THOMAS TUSSER

Soupe de sainte Lioba à la bière et aux champignons

9 cL (6 c. à soupe) d'huile au choix
300 g (2 tasses) de champignons hachés
2 gros oignons, hachés
2,1 L (6 bouteilles) de bière
1 feuille de laurier
2 œufs
4 c. à soupe de crème à 35 %
Persil ciselé
Sel et poivre, au goût
Gruyère râpé

Verser l'huile dans une marmite. Ajouter les champignons et les oignons, puis les faire revenir légèrement pendant quelques minutes à feu doux. Ajouter la bière et le laurier et augmenter à feu moyen. Porter la soupe à ébullition, puis la laisser mijoter lentement pendant 20 minutes.

Pendant ce temps, bien battre les œufs et la crème dans un saladier. Ajouter 8 cL (⅓ tasse) de la soupe chaude dans le mélange et bien combiner le tout.

Verser le mélange dans la soupe et bien remuer. Ajouter le persil, le sel, le poivre et bien mélanger. Réchauffer la soupe à feu moyen et continuer à remuer pendant quelques minutes. Ôter le laurier et servir la soupe chaude en parsemant chaque portion d'un peu de gruyère râpé.

4 à 6 portions.

Cette soupe a été appelée ainsi en l'honneur de sainte Lioba (? - 782), qui joua un rôle capital dans l'évangélisation de l'Allemagne. Anglaise, elle fonda un couvent de religieuses en Allemagne à la demande de son cousin saint Boniface, qui voulut par la suite être enterré auprès d'elle. Son couvent devint un centre de culture catholique à partir duquel des abbesses étaient envoyées dans d'autres couvents. Le nom de sainte Lioba signifie «très chère» et sa beauté, son intelligence, sa patience et sa gentillesse inspirèrent la sympathie de tous ceux qui la connurent.

Soupe épicée à la mode des Indes

8 cL (⅓ tasse) d'huile d'olive

2 oignons hachés

2 gousses d'ail, hachées

500 g (2 ½ tasses) de lentilles brunes
  ou vertes

2 L (8 tasses) d'eau

2 carottes, pelées et en tranches fines

2 branches de céleri, coupées en tranches fines

4 g (1 c. à thé) de coriandre moulue

3 g (1 c. à thé) de cumin moulu

2 g (½ c. à thé) de cari en poudre

2 g (½ c. à thé) de paprika

6 c. à soupe de jus de citron

2 c. à café (2 c. à thé) de zeste de citron, râpé

Sel et poivre, au goût

Verser l'huile dans une grande marmite. Ajouter les oignons, l'ail et les lentilles, puis faire revenir à feu doux pendant 3 minutes. Remuer constamment et veiller à ce que les légumes n'adhèrent pas au fond de la marmite.

Verser l'eau dans le mélange, remuer et augmenter à feu moyen. Porter la soupe à ébullition et y ajouter les carottes et le céleri. Laisser bouillir pendant 20 minutes et diminuer à feu moyen-doux.

Ajouter la coriandre, le cumin, le cari, le paprika, le jus et le zeste de citron, le sel et le poivre; bien remuer et couvrir la marmite. Laisser la soupe mijoter doucement pendant 45 minutes. Rectifier l'assaisonnement et servir chaud.

4 à 6 portions.

La véritable soupe à l'oignon

6 gros oignons
9 cL (6 c. à soupe) d'huile d'olive
1,5 L (6 tasses) de bouillon au choix (ou
    4 cubes de bouillon dans l'eau)
Sel et poivre, au goût
6 tranches de pain, grillées
Gruyère râpé

Couper les oignons en tranches fines. Verser l'huile dans une marmite et y faire cuire doucement les oignons en remuant constamment jusqu'à ce qu'ils soient dorés.

Ajouter le bouillon (ou l'eau et les cubes de bouillon). Porter l'eau à ébullition pendant 5 minutes et laisser mijoter pendant 10 minutes de plus. Ajouter le sel, le poivre et bien remuer.

Verser la soupe dans des bols résistants à la chaleur. Ajouter une tranche de pain grillé dans chacun des bols, recouvrir le dessus de la soupe de gruyère râpé et mettre précautionneusement les bols dans un four chauffé à 180 °C (350 °F) pendant 5 à 10 minutes. Servir la soupe lorsque le gruyère commence à faire des bulles.

6 portions.

La soupe à l'oignon de France est probablement l'une des soupes les plus populaires du monde et il en existe un grand nombre de recettes. La version proposée ici est l'une des plus faciles à préparer. Cette soupe possède une saveur infiniment supérieure lorsqu'elle est préparée avec un bouillon de bœuf ou de légumes maison plutôt qu'avec des cubes. Cette recette a été simplifiée au maximum pour ceux qui n'ont pas le temps de préparer une soupe élaborée. Pour plus de saveur et de piquant, vous pouvez lui ajouter une pincée de poivre de Cayenne et 6 cL (¼ tasse) de calvados.

Minestrone di verdura
(soupe de légumes à l'italienne)

1 gros oignon, haché

2 carottes, en tranches

2 branches de céleri, en tranches

16 cL (⅔ tasse) d'huile d'olive

400 g (15 oz) de haricots blancs en conserve

400 g (15 oz) de tomates entières et pelées, en conserve

2,5 L (10 tasses) d'eau

2 pommes de terre, pelées et coupées en dés

1 petit radicchio (chicorée rouge), haché

0,25 L (1 tasse) de vin blanc

1 feuille de laurier

Persil ciselé

Sel et poivre, au goût

Faire revenir doucement l'oignon, les carottes et le céleri pendant 5 minutes dans l'huile d'olive. Ajouter les haricots et les tomates, et faire revenir pendant 2 minutes de plus.

Ajouter l'eau et porter la soupe à ébullition. Ajouter les pommes de terre, la chicorée, le vin, le laurier, le persil, le sel et le poivre, couvrir la marmite et laisser mijoter la soupe pendant une heure. Éteindre le feu et laisser reposer pendant 15 minutes. Ôter le laurier et servir chaud. Vous pouvez parsemer le dessus de chaque portion de fromage râpé.

6 à 8 portions.

Soupe de tous les jours aux pommes de terre

8 pommes de terre, pelées et coupées en dés

2 L (8 tasses) d'eau ou de bouillon au choix

3 oignons, en tranches

0,25 L (1 tasse) de lait

Sel et poivre, au goût

20 g (2 c. à soupe) de beurre ou
   3 cL (2 c. à soupe) d'huile, au choix

8 g (1 c. à soupe et 1 c. à thé) de persil
   ou de cerfeuil, ciselé

Déposer les pommes de terre dans une marmite. Ajouter l'eau ou le bouillon et les oignons, couvrir et cuire à feu moyen-doux pendant 45 minutes.

Avec un pilon, réduire les pommes de terre en purée dans la marmite. Ajouter le lait, le sel et le poivre, remuer, puis réchauffer la soupe.

Ajouter le beurre ou l'huile et le persil ou le cerfeuil, juste avant de servir. Remuer la soupe et bien la mélanger. Servir la soupe chaude pendant l'hiver et froide pendant l'été. (Pour servir la soupe froide, lui ajouter de l'huile plutôt que du beurre.)

6 portions.

Voici l'une des soupes les plus faciles et les plus économiques parce que pour la préparer il ne faut que quelques pommes de terre, des oignons et 0,25 L (1 tasse) de lait. Pour l'améliorer un peu, lui ajouter beaucoup de persil frais et tendre, ciselé. La garniture d'une soupe comme celle-ci est en effet très importante.

Soupe à l'ail

10 grosses gousses d'ail, hachées finement
12 cL (½ tasse) d'huile d'olive
1,75 L (7 tasses) de bouillon au choix (ou
   3 cubes de bouillon dans l'eau)
42 cL (15 oz) de sauce tomate maison
   ou en conserve
8 tranches de pain
1 feuille de laurier
Sel et poivre, au goût
Pincée de poivre de Cayenne (facultatif)
2 œufs bien battus

À feu doux, faire revenir l'ail dans l'huile d'olive en remuant constamment et en veillant à ne pas le laisser dorer ni brûler. Ajouter 0,75 L (3 tasses) de bouillon (ou l'eau et les cubes de bouillon) ainsi que la sauce tomate et bien remuer.

Homogénéiser la soupe au mélangeur électrique jusqu'à ce qu'elle soit lisse. La remettre dans la marmite et ajouter l'eau qui reste, le pain et le laurier ainsi que le sel et le poivre. Porter à ébullition en remuant constamment, puis baisser le feu et laisser cuire pendant 15 minutes. Laisser doucement mijoter pendant 15 minutes de plus. Ajouter le poivre de Cayenne, si désiré, et enlever le laurier.

Battre légèrement les 2 œufs dans un saladier profond, ajouter 12 cL (½ tasse) de soupe et mélanger très bien le tout. Verser lentement ce mélange dans la soupe en remuant constamment. Laisser mijoter pendant 5 minutes de plus et servir chaud.

6 portions.

Voici une soupe délicieuse et aromatisée qui convient parfaitement à une journée d'hiver. Cette soupe est populaire dans le sud de la France et le nord de l'Espagne, où l'amour de l'ail est légendaire. Bien que dans la recette je conseille d'utiliser un mélangeur électrique, vous pouvez écraser l'ail dans un mortier, comme on le fait encore aujourd'hui dans ces deux pays. Plus la sauce tomate (maison, j'espère) sera épaisse et contiendra des morceaux de tomate, meilleur sera le résultat, car la sauce ajoutera de la texture à cette délicieuse soupe.

Soupe aux haricots de Lima

6 cL (4 c. à soupe) d'huile d'olive

1 oignon haché

3 gousses d'ail, hachées

1,75 L (7 tasses) d'eau

1 carotte, en tranches

2 pommes de terre, coupées en dés

1 cube de bouillon

400 g (2 tasses) de haricots de Lima frais, secs ou surgelés

Persil ciselé

Sel et poivre, au goût

Fromage râpé, au choix, comme garniture (facultatif)

Verser l'huile dans une marmite de grande taille. Ajouter l'oignon et l'ail, puis les faire revenir légèrement à feu doux pendant 1 ou 2 minutes en remuant constamment.

Ajouter l'eau, la carotte, les pommes de terre et le cube de bouillon. Porter à ébullition à feu moyen, puis diminuer à feu doux.

Ajouter les haricots de Lima (on doit diminuer la quantité si on utilise des haricots surgelés), le persil, le sel et le poivre. Cuire lentement à feu moyen-doux pendant une heure ou jusqu'à ce que les haricots soient tendres. Laisser la soupe reposer pendant 5 minutes, puis la servir chaude en parsemant chaque portion d'un peu de fromage râpé, si désiré.

4 à 6 portions.

Soupe des béguines à la crème

1,75 L (7 tasses) d'eau
2 poireaux
4 grosses pommes de terre, pelées et coupées
    en dés
4 carottes, pelées et en tranches
4 tranches de pain rassis
Sel et poivre, au goût
2 g (½ c. à thé) de noix muscade moulue
0,25 L (1 tasse) de crème légère, à 15 %
10 g (1 c. à soupe) de beurre ou de margarine
Persil et cerfeuil, ciselés

Porter l'eau à ébullition dans une grande marmite. Ajouter les poireaux, les pommes de terre, les carottes et le pain. Diminuer à feu moyen, couvrir la marmite et cuire pendant une heure.

Ajouter le sel et le poivre au goût, puis remuer. Éteindre le feu et laisser reposer la soupe pendant 5 minutes. La verser dans le mélangeur électrique ou le récipient du robot de cuisine, puis l'homogénéiser jusqu'à ce qu'elle soit épaisse et crémeuse.

Remettre la soupe dans la marmite. Ajouter la muscade, la crème et le beurre ou la margarine, bien remuer et porter à légère ébullition. Ajouter le persil et le cerfeuil, puis servir immédiatement.

4 à 6 portions.

Cette recette est la version d'une soupe des Flandres, au nord de la Belgique. Son nom indique qu'elle a vu le jour chez les béguines. Le béguinage était une institution médiévale qui autorisait les femmes laïques pieuses à mener une sorte de vie religieuse en communauté, sans avoir prononcé de vœux. Il s'agissait de l'une des rares possibilités pour les femmes, en dehors du mariage ou de la prise du voile. Les béguines vivaient dans de belles petites maisons attachées. Elles étaient indépendantes et avaient le droit de conserver leurs servantes. Elles avaient toutefois une église commune pour leurs dévotions et se tenaient mutuellement compagnie. En général, elles formaient un groupe de femmes progressistes qui souhaitaient affirmer leur indépendance vis-à-vis des hommes, en autant que l'époque le leur permettait. C'étaient des femmes d'une grande culture et certaines devinrent d'illustres mystiques. Comme institution, les béguines étaient particulièrement nombreuses en Hollande et en Belgique, dans la région des Flandres.

Soupe au pain et au lait

45 g (4 c. à soupe) de beurre ou de margarine
40 g (4 c. à soupe) de farine tout usage
1 L (4 tasses) de lait (ou plus, si nécessaire)
1 oignon haché
4 tranches de pain, coupées en quatre
Sel et poivre, au goût
1 œuf battu
30 g (½ tasse) de persil ou de cerfeuil, ciselé

Faire fondre le beurre ou la margarine dans une marmite. Ajouter la farine et 12 cL (½ tasse) de lait en remuant constamment.

Ajouter l'oignon et le reste du lait, puis porter la soupe à ébullition. Ajouter le pain et les assaisonnements, puis laisser mijoter la soupe pendant 10 à 15 minutes en remuant de temps à autre.

Lorsque la soupe est cuite, lui ajouter l'œuf battu et bien le mélanger. Parsemer la soupe de persil haché ou de cerfeuil et servir chaud.

4 portions.

La soupe comme plat principal,
la soupe pour commencer le repas,
– et lorsqu'elle est faite maison,
c'est la soupe qui nourrit l'âme.

JULIA CHILD,
The French Chef Cookbook

Soupe aux gourganes

2 oignons hachés finement

8 cL (⅓ tasse) d'huile d'olive

450 g (16 oz) de gourganes en conserve (ou l'équivalent de gourganes sèches, mises à tremper toute la nuit et rincées deux fois à l'eau courante)

1 carotte, coupée en dés

1 grosse pomme de terre, pelée et coupée en dés

1,5 L (6 tasses) d'eau

150 g (1 tasse) de petits pois frais ou surgelés

1 petite branche de thym frais
  (ou 2 g (1 c. à thé) de thym séché)

1 os de jambon (ou 1 fine tranche de jambon, coupée en petits dés)

8 cL (⅓ tasse) de xérès

Sel et poivre de Cayenne, au goût

Croûtons (facultatif; voir recette p. 222)

Mettre les oignons dans une marmite et les faire revenir dans l'huile d'olive pendant 2 minutes en remuant souvent.

Ajouter les gourganes (sans leur jus), la carotte et la pomme de terre. Bien remuer et ajouter l'eau. Porter l'eau à ébullition à feu moyen.

Lorsque l'eau bout, ajouter les pois, le thym et l'os ou la tranche de jambon, puis couvrir la marmite. Laisser cuire lentement à feu moyen-doux pendant 30 minutes.

Ajouter le xérès, le sel et une pincée de poivre de Cayenne. Bien remuer, couvrir la marmite et laisser mijoter pendant 15 minutes de plus. Ôter l'os ou la tranche de jambon et le thym. Garnir le dessus de chaque portion avec des croûtons.

4 portions.

Soupe au cresson

45 g (4 c. à soupe) de beurre ou de margarine
    ou 6 cL (4 c. à soupe) d'huile au choix
4 poireaux hachés
1 bouquet de cresson frais, haché
4 pommes de terre, pelées et coupées en dés
1,25 L (5 tasses) de bouillon au choix
    (ou 1 cube de bouillon dans l'eau)
37 cL (1 ½ tasse) de lait (pour une soupe plus
    riche, on remplacera par 25 cL (1 tasse) de
    crème à 35 %)
Sel et poivre, au goût
1 jaune d'œuf, battu (facultatif)
6 c. à soupe de crème à 35 % comme garniture
Cerfeuil ciselé comme garniture

Faire fondre le beurre ou la margarine ou verser l'huile dans une grande marmite. Ajouter les poireaux et le cresson, puis les faire revenir doucement pendant 2 à 3 minutes.

Ajouter les pommes de terre et les faire revenir pendant 1 minute de plus en remuant souvent. Ajouter le bouillon (ou l'eau et le cube de bouillon), porter la soupe à ébullition et couvrir la marmite. Laisser mijoter doucement pendant 30 minutes.

Homogénéiser la soupe au mélangeur électrique et la remettre dans la marmite. Ajouter le lait, saler et poivrer, puis laisser mijoter pendant 10 minutes de plus. (À ce stade, il faut ajouter le jaune d'œuf, si désiré, et bien mélanger.)

Servir la soupe dans des bols réchauffés. Déposer 1 c. à café (1 c. à thé) de crème fraîche au centre de chaque portion et parsemer de cerfeuil tout autour.

4 à 6 portions.

Soupe de saint Patrick au cheddar

2 poireaux

2 pommes de terre

4 carottes

45 g (4 c. à soupe) de beurre ou de margarine

1,5 L (6 tasses) de bouillon de légumes ou de viande

1 gousse d'ail, hachée

1 g (¼ c. à thé) de thym moulu

1 g (¼ c. à thé) de sauge moulue

Sel et poivre, au goût

0,25 L (1 tasse) de lait

140 g (5 oz) de cheddar irlandais Kerrygold (ou de cheddar doux)

Nettoyer, peler et hacher les légumes. Faire fondre le beurre ou la margarine dans une marmite et y faire revenir les légumes pendant 3 minutes en remuant souvent.

Ajouter le bouillon, l'ail, les herbes aromatiques et les assaisonnements. Porter la soupe à ébullition, couvrir la marmite et laisser mijoter pendant 30 minutes.

Homogénéiser la soupe au mélangeur électrique, puis la remettre dans la marmite. Ajouter le lait et le cheddar. Réchauffer sans laisser bouillir de nouveau. Servir chaud.

4 à 6 portions.

Harrira
(soupe marocaine aux haricots)

100 g (½ tasse) de pois chiches, mis à tremper toute une nuit

100 g (½ tasse) de haricots de Lima

100 g (½ tasse) de haricots noirs, mis à tremper toute une nuit

100 g (½ tasse) de haricots rouges, mis à tremper toute une nuit

100 g (½ tasse) de lentilles

100 g (½ tasse) de pois cassés (jaunes, si possible)

100 g (½ tasse) de petits haricots blancs, mis à tremper toute une nuit

3 L (12 tasses) d'eau (ou plus, si nécessaire)

2 gros oignons hachés

450 g (16 oz) de tomates entières, concassées, en conserve

2 g (½ c. à thé) de gingembre moulu

2 g (½ c. à thé) de curcuma moulu

2 g (½ c. à thé) de cumin moulu

2 g (½ c. à thé) de cannelle moulue

1 g (¼ c. à thé) de poivre noir, moulu

1 c. à soupe de jus de citron

Sel, au goût

20 g (2 c. à soupe) de farine tout usage

1 bouquet de coriandre fraîche, ciselée, ou de persil

8 feuilles de menthe fraîche, ciselées

Pincée de poivre de Cayenne

Grosse pincée de paprika

Déposer toutes les légumineuses dans une grande marmite, ajouter l'eau, porter à ébullition et laisser mijoter pendant une heure et demie.

Ajouter les oignons, les tomates et leur liquide de cuisson, le gingembre, le curcuma, le cumin, la cannelle, le poivre et le jus de citron. Bien remuer, couvrir la marmite et porter de nouveau à ébullition. Baisser à feu moyen-doux et laisser mijoter la soupe pendant une heure de plus.

Ajouter le sel et un peu plus d'eau si nécessaire. Délayer la farine dans 6 cL (¼ tasse) d'eau froide et la réduire en pâte. Ajouter quelques cuillerées de soupe chaude, bien mélanger et verser dans la marmite. Remuer vigoureusement sans arrêt pour que la soupe épaississe progressivement sans faire de grumeaux.

Ajouter la coriandre (ou le persil), la menthe, le poivre de Cayenne et le paprika. Bien remuer et cuire à feu doux pendant 15 à 20 minutes. Servir chaud.

6 à 8 portions.

Voici la soupe savoureuse et odorante de l'ancien Maroc. Là-bas, elle est traditionnellement servie pendant les 30 jours de la fête du Ramadan juste avant le coucher du soleil, au moment de la journée où le jeûne quotidien est rompu pour que les jeûneurs se refassent des forces pour le jeûne du lendemain.

Soupe de courge à la portugaise

9 cL (6 c. à soupe) d'huile d'olive

3 oignons hachés

5 gousses d'ail, hachées

2 courges musquées, pelées, coupées en deux, évidées et en dés

1 pomme de terre, pelée et coupée en dés

1 carotte, pelée et en tranches

1,75 L (7 tasses) de bouillon de légumes ou de poulet

Sel et poivre, au goût

20 g (⅓ tasse) de persil, fraîchement haché

Thym frais, émietté, comme garniture

Verser l'huile d'olive dans une grande marmite et y faire revenir les oignons et l'ail pendant 3 à 5 minutes. Éteindre le feu, couvrir la marmite et laisser le mélange d'oignon et d'ail étuver pendant 15 minutes.

Ajouter les courges, la pomme de terre et la carotte et bien remuer. Ajouter le bouillon et porter la soupe à ébullition. Baisser le feu, couvrir et laisser mijoter pendant 45 minutes.

Ajouter le sel, le poivre, le persil et bien remuer, couvrir la marmite et laisser mijoter pendant 15 minutes de plus.

Homogénéiser un tiers de la soupe à la fois dans le mélangeur électrique ou le récipient du robot de cuisine et remettre dans la marmite préalablement nettoyée. Réchauffer à feu doux sans laisser atteindre le point d'ébullition. Servir chaud et garnir chaque portion en la parsemant de thym.

6 portions.

Julienne de légumes

3 blancs de poireaux
3 carottes
3 navets de taille moyenne
½ chou de taille moyenne, râpé
1 oignon
3 L (12 tasses) de bouillon de légumes ou de
    poulet (ou 3 cubes de bouillon au choix
    dans l'eau)
Sel et poivre, au goût
20 g (⅓ tasse) de persil, ciselé

Laver et rincer les légumes. Les couper en julienne, puis les déposer dans une marmite de grande taille. Ajouter le bouillon (ou l'eau et les cubes de bouillon), puis porter à ébullition. Diminuer à feu moyen, couvrir la marmite et cuire lentement la soupe pendant une heure, en remuant de temps à autre.

Lorsque la soupe est cuite, ajouter le sel, le poivre et le persil, remuer plusieurs fois, couvrir la marmite et laisser mijoter pendant 5 minutes de plus. Servir chaud.

6 portions.

Avril

Chantez une chanson de printemps, implorait la fine
    pluie d'avril
Avec mille reflets brillants sur le carreau de la fenêtre,
Et les fleurs cachées dans le sol s'éveillaient rêveusement
    et s'agitaient,
De racine en racine, de graine en graine, et se faufilaient vite vers
    ces heureuses paroles.

                                        Celia Thaxter

CRÈME DE CHAMPIGNONS À LA ROMAINE

45 g (4 c. à soupe) de beurre ou de margarine
225 g (8 oz) de champignons hachés
1 oignon haché
1 carotte, en tranches
2 gousses d'ail, hachées
Pincée de thym moulu
20 g (2 c. à soupe) de farine
1 L (4 tasses) d'eau
Sel et poivre, au goût
0,5 L (2 tasses) de crème légère, à 15 %
Romano râpé

Faire fondre le beurre ou la margarine dans une marmite. Ajouter les champignons, l'oignon, la carotte, l'ail et le thym. Couvrir la marmite et laisser les légumes mijoter à feu très doux pendant 5 minutes. Ajouter la farine et bien remuer.

Ajouter l'eau, remuer encore et porter vivement à ébullition. Diminuer à feu doux et laisser mijoter pendant 30 minutes.

Homogénéiser la soupe au mélangeur électrique, puis la remettre dans la marmite. Ajouter les assaisonnements et la crème, et bien mélanger. Réchauffer la soupe, mais sans laisser bouillir. Servir la soupe chaude en parsemant le dessus de chaque portion de romano râpé.

4 portions.

Les champignons d'une nuit sont les meilleurs
et ils sont petits et roses à l'intérieur
et fermés sur le dessus;
et ils doivent être pelés
et lavés dans l'eau chaude
et à demi cuits dans l'eau
et si vous voulez les mettre dans un pâté en croûte
ajoutez l'huile, le fromage et les épices en poudre.

LE MÉNAGIER DE PARIS

Soupe au lait sucrée pour les enfants

0,5 L (2 tasses) d'eau
80 g (2 tasses) de pain, coupé en dés
0,5 L (2 tasses) de lait
30 g (¼ tasse) de raisins secs
4 c. à soupe de sirop d'érable
2 œufs battus
Pincée de noix muscade

Verser l'eau dans la marmite, ajouter le pain et porter à ébullition, puis laisser mijoter pendant 10 minutes.

Ajouter le lait, les raisins et le sirop d'érable. Bien mélanger et porter de nouveau la soupe à ébullition. Ajouter les œufs battus et la noix muscade. Bien mélanger et laisser mijoter pendant 10 minutes de plus avant de servir.

4 portions.

Cette soupe est une simple recette que les enfants apprécient depuis des générations. De nombreuses mères l'ont préparée et servie de mille et une façons différentes – en remplaçant, par exemple, le sirop d'érable par du miel sauvage et les raisins par des petits fruits. Elle a toujours tenu ses promesses en ravissant les jeunes enfants.

Potage villageois
(soupe campagnarde aux légumes et aux macaronis)

3 poireaux
1 petit chou vert
45 g (4 c. à soupe) de beurre ou de margarine
1,5 L (6 tasses) d'eau
1 cube de bouillon
6 pommes de terre, coupées en dés
145 g (1 tasse) de petits macaronis
0,5 L (2 tasses) de lait
Sel et poivre, au goût
Persil haché
Parmesan râpé

Couper les poireaux et le chou en julienne, puis les faire revenir dans le beurre ou la margarine à feu doux pendant quelques minutes.

Ajouter l'eau et le cube de bouillon, puis les pommes de terre. Porter l'eau à ébullition et cuire à feu moyen pendant 30 minutes.

Pendant que la soupe bout, cuire les macaronis dans une autre casserole. Lorsqu'ils sont cuits, les égoutter.

Ajouter à la soupe les macaronis cuits, le lait, le sel, le poivre et le persil. Porter de nouveau à ébullition, puis éteindre le feu. Couvrir la marmite et laisser mijoter pendant quelques minutes. Servir la soupe chaude en la garnissant au dernier moment de parmesan râpé.

6 portions.

Voici une soupe typique que l'on sert souvent le soir dans les villages de France – d'où son nom. C'est la version locale de la soupe minestrone italienne et vous pouvez lui ajouter d'autres légumes comme des carottes ou des haricots. Souvent, les Français préfèrent utiliser des spaghettis plutôt que des macaronis. Si vous décidez d'utiliser des spaghettis, cassez-les en deux avant de les faire cuire pour qu'ils soient plus faciles à manger.

Bortsch

2 betteraves rouges
2 carottes
2 pommes de terre
2 poireaux
½ chou rouge
10 champignons
1 oignon
2 tomates
3,5 L (14 tasses) d'eau
6 cL (4 c. à soupe) d'huile d'olive
Sel et poivre
Crème à 35 % ou crème sure (crème aigre)
   (1 c. à soupe par portion)
Persil haché finement

Laver et peler les betteraves, les carottes et les pommes de terre, puis les couper en petits dés. Couper les poireaux, le chou, les champignons, l'oignon et les tomates en petits morceaux.

Porter l'eau à ébullition dans une grande marmite, puis ajouter l'huile et tous les légumes. Couvrir et cuire à feu moyen-doux pendant 30 minutes. Saler, poivrer et bien remuer. Couvrir et laisser reposer pendant 15 minutes.

Réchauffer la soupe pendant quelques minutes et la servir chaude en ajoutant 15 mL (1 c. à soupe) de crème ou de crème sure (crème aigre) et un peu de persil haché au centre de chaque portion.

8 portions.

Soupe à la crème sure (crème aigre)

6 pommes de terre moyennes, pelées

1,5 L (6 tasses) d'eau

3 grandes feuilles de laurier

6 g (1 ½ c. à soupe) de graines de carvi
   (ou au goût)

Sel, au goût

12 cL (½ tasse) de lait

20 g (2 c. à soupe) de farine
   (ou plus, si nécessaire)

0,5 L (2 tasses) de crème sure (crème aigre) (ou
   plus, si nécessaire)

Oignons verts, hachés, comme garniture

Couper les pommes de terre en très petits dés et les mettre dans une marmite avec l'eau. Ajouter le laurier, le carvi et le sel, et cuire jusqu'à ce que les pommes de terre soient tendres. Ne pas les égoutter.

Saupoudrer le lait de farine et bien mélanger pour en faire une pâte. Verser la pâte dans la soupe en remuant constamment pendant l'addition. Cette pâte va épaissir la soupe.

Ajouter la crème sure (crème aigre) à la soupe en remuant constamment pendant l'addition. Porter à ébullition, puis laisser doucement mijoter pendant 10 minutes. Ôter le laurier et servir chaud ou froid. Garnir chaque portion d'un peu d'oignons verts, hachés.

4 à 6 portions.

Dans les bouillons et les soupes, le goût d'aucun ingrédient ne doit prédominer; toutes les saveurs doivent être sur le même pied, et le goût de l'ensemble doit être agréable et s'accorder à ce que vous aviez prévu de faire; vous devez vous assurer que toute la verdure et les herbes que vous y mettez sont propres, lavées et bien choisies.

HANNA GLASSE,
The Art of Cookery, 1776

Potage Germiny
(soupe à l'oseille)

2 L (8 tasses) de bouillon de poulet ou de bœuf

45 g (4 c. à soupe) de beurre ou de margarine

340 g (5 tasses) de feuilles d'oseille, hachées finement (environ 20 feuilles)

15 g (4 c. à soupe) de cerfeuil, haché finement

3 jaunes d'œufs

0,25 L (1 tasse) de crème légère, à 15 %

Sel et poivre, au goût

Verser le bouillon dans une grande marmite et le faire chauffer à feu moyen-doux. Diminuer progressivement le feu.

Faire fondre le beurre ou la margarine dans une casserole et lui ajouter l'oseille hachée. Cuire à feu doux jusqu'à ce que l'oseille soit tendre et que le mélange se transforme en sauce. Ajouter le cerfeuil, bien mélanger et éteindre le feu.

Déposer les jaunes d'œufs et la crème dans un saladier profond et bien les mélanger. Verser ce mélange dans le bouillon et bien mélanger le tout, sans laisser bouillir.

Ajouter le mélange d'oseille et de cerfeuil ainsi que les assaisonnements et bien remuer. Selon la saison, servir la soupe chaude ou la réfrigérer et la servir froide.

6 portions.

Potage à la crème et au cari

9 cL (6 c. à soupe) de crème fraîche, crème à 35 %

15 g (2 c. à soupe) de cari en poudre

4 jaunes d'œufs

1 citron

1,5 L (6 tasses) de bouillon de poulet ou de légumes

Sel, au goût

Croûtons comme garniture
  (voir recette p. 222)

Déposer la crème, le cari, les jaunes d'œufs et le jus du citron dans un grand saladier profond. Bien mélanger au batteur électrique.

Verser le bouillon dans une marmite et porter à ébullition. Remplir une tasse de bouillon et le verser sur le mélange œufs-cari. Bien mélanger.

Verser le contenu du saladier dans le bouillon, saler et laisser bouillir pendant 3 à 4 minutes de plus en remuant constamment.

Disposer 4 croûtons dans chaque assiette ou bol à soupe. À la louche, les arroser de soupe et servir la soupe immédiatement.

6 portions

La soupe est un des piliers de la civilisation. C'est une synthèse de saveurs et de textures, servie dans l'esprit réconfortant de notre enfance; ou encore ce peut être l'harmonieux début de la forme des choses à venir.

LIZ SMITH

Soupe aux crevettes et aux herbes

6 cL (4 c. à soupe) d'huile d'olive

2 oignons hachés

225 g (8 oz) de petites crevettes fraîches ou surgelées

0,25 L (1 tasse) de vin blanc sec

0,25 L (1 tasse) d'eau

1 c. à café (1 c. à thé) de moutarde (½ c. à thé (½ c. à café) de moutarde sèche)

0,75 L (3 tasses) de lait (on peut utiliser du lait partiellement écrémé, à 1 % ou à 2 %)

Sel et poivre blanc moulu, au goût

40 g (1 tasse) d'aneth frais, haché

40 g (1 tasse) de ciboulette fraîche, ciselée

30 g (1 tasse) d'estragon frais, ciselé

50 g (1 tasse) de persil frais, ciselé

Crème sure (crème aigre) comme garniture

Faire chauffer l'huile d'olive dans une marmite. Ajouter les oignons et les crevettes. Cuire pendant 5 minutes en remuant constamment, jusqu'à ce que les crevettes soient cuites et les oignons tendres.

Ajouter le vin, l'eau et la moutarde, puis porter à ébullition. Diminuer à feu moyen et cuire pendant 10 à 15 minutes de plus.

Ajouter le lait, le sel, le poivre et cuire lentement la soupe pendant 15 minutes de plus en remuant souvent. Juste avant de servir, ajouter les herbes aromatiques, bien remuer et répartir à la louche dans des assiettes ou des bols à soupe. Garnir chaque portion avec 1 c. à café (1 c. à thé) de crème sure (crème aigre).

4 portions.

Un de mes bons amis, qui connaît aussi cette recette, m'a assuré qu'il recevait de nombreux compliments chaque fois qu'il servait cette soupe à ses invités. La soupe s'imprègne de la saveur riche et douce des crevettes qui est merveilleusement rehaussée par celle des herbes aromatiques. Cette soupe peut constituer un excellent prélude à un repas élégant.

Soupe aux trois poivrons

1 poivron rouge
1 poivron vert
1 poivron jaune
4 gousses d'ail
2,5 cL (1 c. à soupe et 2 c. à thé) d'huile
   d'olive
1,25 L (5 tasses) de bouillon de bœuf ou de
   légumes (ou 3 cubes de bouillon dans l'eau)
1 g (¼ c. à thé) de safran
8 tranches de pain (2 par personne)
4 œufs
Sel et poivre blanc, au goût
Paprika comme garniture

Faire griller les poivrons. Les laisser refroidir, les peler et les couper en longues lanières fines. Peler et hacher les gousses d'ail.

Faire chauffer l'huile dans une marmite et y ajouter les poivrons et l'ail. Laisser cuire pendant 1 minute en remuant constamment. Ajouter le bouillon (ou l'eau et les cubes de bouillon), puis le safran, remuer, couvrir la marmite et cuire à feu moyen pendant 30 minutes.

Faire griller le pain et le déposer sur une assiette. Casser les œufs et les déposer un par un dans la soupe. (Agir délicatement pour pouvoir les conserver entiers.) Ajouter le sel et le poivre, si désiré.

Éteindre le feu. Couvrir la marmite et laisser reposer la soupe pendant 5 minutes, jusqu'à ce que le blanc des œufs soit cuit. Déposer délicatement 2 tranches de pain dans chaque bol à soupe, les recouvrir d'un œuf et arroser du reste de la soupe. Saupoudrer d'un peu de paprika et servir immédiatement.

4 portions.

Je considère que les hors-d'œuvre froids sont inutiles dans un dîner; je considère même qu'ils vont à l'encontre du bon sens et ils sont certainement une injure à la saveur de la soupe qui les suit.

AUGUSTE ESCOFFIER

Crème d'asperges

2 L (8 tasses) d'eau
225 g (8 oz) d'asperges; couper l'extrémité dure
   et détailler en tronçons de 2,5 cm (1 po)
1 pomme de terre, pelée et coupée en dés
1 oignon, en tranches
1 carotte moyenne, en tranches
0,25 L (1 tasse) de crème à 35 %
20 g (2 c. à soupe) de beurre ou de margarine
Sel et poivre, au goût

Cuire les légumes dans l'eau bouillante salée jusqu'à ce qu'ils soient tendres. Filtrer la soupe à travers une passoire ou l'homogénéiser au mélangeur électrique.

Remettre la soupe dans la marmite, ajouter la crème, le beurre ou la margarine, le sel et le poivre, remuer, puis porter à ébullition. Remuer de nouveau, couvrir la marmite et laisser la soupe mijoter pendant 10 minutes de plus. Servir chaud.

4 à 6 portions.

Si vous désirez une soupe à consistance plus épaisse, vous pouvez remplacer la crème par de la sauce blanche (voir recette p. 221).

Soupe aux pois chiches de saint Joseph

400 g (2 tasses) de pois chiches
2,5 L (10 tasses) d'eau
600 g (2 tasses) de tomates en conserve
1 gros oignon, haché
1 branche de céleri, hachée
2 carottes, en tranches
4 gousses d'ail, hachées
1 poivron rouge, en dés
6 cL (4 c. à soupe) d'huile d'olive
1 cube de bouillon
1 feuille de laurier
Sel et poivre, au goût

Laisser tremper les pois chiches dans l'eau pendant toute une nuit. Les faire bouillir dans une grande quantité d'eau, ajouter tous les autres ingrédients, sauf le sel et le poivre, et cuire doucement à feu moyen pendant une heure, jusqu'à ce que les pois chiches et tous les autres légumes soient tendres.

Ajouter le sel et le poivre. Couvrir et laisser mijoter la soupe pendant 15 minutes. Ôter le laurier avant de servir. Servir chaud.

6 à 8 portions.

Saint Joseph, le père de Jésus, est le patron des pères de familles, des intendants, des procureurs, des travailleurs manuels, plus particulièrement des charpentiers, de l'Église universelle et de tous ceux qui prient pour une mort pieuse. Toujours honoré par ceux qui suivent la voie monastique, y compris par sainte Thérèse d'Avila, il est le saint auquel les moines et les religieuses font appel lorsqu'un sérieux problème financier apparaît dans un monastère ou un couvent. Sa fête est célébrée le 19 mars et on le fête aussi le 1er mai, en tant que saint Joseph ouvrier.

Soupe cubaine aux haricots noirs

450 g (1 lb) de haricots noirs, secs
3 L (12 tasses) d'eau
12 cL (½ tasse) d'huile d'olive
3 oignons hachés
1 poivron haché
6 gousses d'ail, hachées
2 g (1 c. à thé) de thym moulu
1 g (½ c. à thé) d'origan moulu
1 feuille de laurier
10 g (1 c. à soupe) de sucre cristallisé
2 cL (1 c. à soupe et 1 c. à thé) de vinaigre
Sel et poivre, au goût
Pincée de cumin moulu

Laisser tremper les haricots pendant toute la nuit. Jeter l'eau de trempage et les rincer. Les mettre dans une grande marmite et ajouter 3 L (12 tasses) d'eau. Porter à ébullition, baisser le feu, couvrir la marmite et cuire lentement les haricots pendant une heure ou jusqu'à ce qu'ils soient tendres.

Verser l'huile dans une casserole, ajouter les oignons, le poivron et l'ail, puis faire revenir légèrement pendant 2 à 3 minutes.

Prélever 2,5 cL (1 tasse) de haricots dans la marmite et les réduire en purée au mélangeur électrique. Ajouter cette purée aux légumes revenus et bien mélanger. Ajouter ce dernier mélange aux haricots qui restent dans la marmite.

Ajouter le thym, l'origan, le laurier, le sucre, le vinaigre, le sel, le poivre et le cumin. Bien remuer, couvrir la marmite et laisser mijoter pendant 45 à 50 minutes. Ôter le laurier, couvrir et laisser reposer la soupe pendant 10 minutes de plus. Servir chaud.

6 à 8 portions.

Soupe aux vermicelles

2,5 L (10 tasses) d'eau
4 cubes de bouillon de légumes
3 gousses d'ail, hachées
1 oignon coupé en tranches fines, puis haché
2 carottes, en petits dés
85 g (3 oz) de vermicelles
30 g (½ tasse) de persil frais, haché
Sel, au goût
Fromage au choix, râpé

Verser l'eau dans une marmite et la porter à ébullition. Ajouter les cubes de bouillon, l'ail, les légumes et cuire pendant 25 minutes. Ajouter les vermicelles et cuire à feu moyen pendant 10 minutes de plus.

Ajouter le persil haché et le sel. Couvrir la marmite et laisser mijoter la soupe pendant 5 minutes de plus avant de servir. Parsemer chaque bol ou assiette de soupe de fromage râpé juste avant de servir. Servir chaud.

6 portions.

Crème aux choux de Bruxelles

20 g (2 c. à soupe) de beurre ou de margarine

450 g (1 lb) de choux de Bruxelles,
   coupés en quatre

450 g (1 lb) de pommes de terre,
   pelées et en dés

3 gousses d'ail, hachées

2 poireaux ou oignons, en tranches

2 L (8 tasses) d'eau

Pincée de thym

Sel et poivre, au goût

1 feuille de laurier

0,5 L (2 tasses) de lait

Cuire séparément dans l'eau et réserver quelques choux de Bruxelles coupés en 4 quartiers égaux afin de les utiliser comme garniture sur la soupe.

Faire fondre le beurre ou la margarine dans une casserole et y faire revenir les choux de Bruxelles, les pommes de terre, l'ail ainsi que les poireaux ou les oignons pendant 1 à 2 minutes en remuant constamment. Ajouter l'eau et les assaisonnements, puis cuire lentement à feu moyen-doux pendant 40 à 45 minutes ou jusqu'à ce que la soupe soit cuite. Ôter le laurier.

Lorsque la soupe est cuite, ajouter le lait et bien remuer. Homogénéiser la soupe au mélangeur électrique et la servir chaude. Garnir chaque portion avec les choux de Bruxelles réservés.

6 à 8 portions.

Mai

Au joli temps du premier mai,
Avec des guirlandes fraîches et gaies,
Avec de la myrrhe et des chansons,
Pour la venue d'une telle saison,
Ils ignorent le temps qui passe.

CHANSON ANGLAISE DU XVIᵉ SIÈCLE

Chtchavel
(soupe russe à la crème et à l'oseille)

340 g (12 oz) d'oseille fraîche (20 feuilles)
2 L (8 tasses) d'eau
2 gousses d'ail
3 œufs durs
Le jus d'un citron
0,5 L (2 tasses) de crème à 35 %
Sel, au goût
1 concombre, en tranches fines
   (frais ou au vinaigre)
Pain noir, coupé en dés

Hacher l'oseille et la mettre dans une marmite. Ajouter l'eau et porter à ébullition. Baisser à feu moyen-doux et cuire pendant 20 minutes.

Pendant que l'oseille cuit, hacher l'ail et faire durcir les œufs. Ajouter à la soupe l'ail, les œufs et le jus de citron, puis cuire pendant 15 minutes de plus.

Juste avant de servir, ajouter la crème, le sel et le concombre, et bien remuer.

Déposer le pain dans les bols et arroser de soupe. Servir chaud.

4 à 6 portions.

La cuisine russe est reconnue pour son abondance de soupes. L'hiver long et rigoureux incite les Russes à inventer des recettes réconfortantes, utilisant tous les produits qu'ils peuvent trouver. Tout au long des siècles, ils se sont servi au mieux de leur imagination et de leur sens pratique pour expérimenter et découvrir des manières d'utiliser dans la soupe les légumes, les fruits, les petits fruits, les champignons, la viande et le pain, qu'ils soient frais, séchés, conservés dans le vinaigre, salés ou confits, ainsi que les produits laitiers. Le chtchavel est un bon exemple de leur esprit inventif dans ce domaine.

Potage Clamart
(soupe aux navets et aux poireaux)

150 g (1 tasse) de petits pois frais
1 carotte
1 navet
2 poireaux
9 cL (6 c. à soupe) d'huile au choix, ou 70 g
   (6 c. à soupe) de beurre ou de margarine
1 L (4 tasses) d'eau
Sel, au goût
Thym et romarin, au goût
1 jaune d'œuf
2 c. à café (2 c. à thé) de crème à 35 %

Laver et rincer les légumes. Couper la carotte, le navet et les poireaux en tranches fines.

Verser l'huile ou mettre le beurre ou la margarine dans une marmite, puis ajouter les petits pois, la carotte, le navet et les poireaux. Cuire lentement à feu très doux pendant 2 minutes en remuant constamment.

Ajouter 1 L (4 tasses) d'eau, une pincée de sel, le thym et le romarin. Couvrir la marmite et laisser cuire doucement pendant 30 minutes. Éteindre le feu et laisser reposer pendant 15 minutes.

Homogénéiser la soupe au mélangeur électrique ou la filtrer à travers une passoire et la remettre dans la marmite. Ajouter le jaune d'œuf battu et la crème fraîche, puis bien remuer. Servir chaud.

4 portions.

Ce potage est originaire de Clamart, une proche banlieue de Paris. Il est très savoureux, en grande partie à cause de la saveur particulière que lui ajoutent les petits pois frais. Idéalement, vous devriez le préparer au début du printemps pendant la saison des petits pois ou à la fin de l'automne, lorsqu'on en récolte de nouveau. L'œuf battu et la crème améliorent la consistance crémeuse de cette soupe. Si vous voulez la servir lors d'une réception élégante, garnissez-la de cerfeuil ou d'œufs durs, hachés finement, comme touche finale.

Soupe à la shaker

20 g (2 c. à soupe) de beurre ou de margarine
20 g (2 c. à soupe) de farine tout usage
33 cL (12 oz) de concentré (pâte) de tomate en
   conserve
1 oignon haché
10 g (1 c. à soupe et 1 c. à thé) d'aneth frais,
   haché
Sel et poivre, au goût
62 cL (2 ½ tasses) d'eau
62 cL (2 ½ tasses) de lait
12 cL (½ tasse) de crème sure (crème aigre)

Faire fondre le beurre ou la margarine dans une marmite. Ajouter la farine et bien remuer. Ajouter la pâte de tomate, l'oignon, l'aneth, le sel, le poivre et l'eau. Remuer constamment et porter à ébullition, puis laisser mijoter pendant 20 minutes.

Faire chauffer le lait séparément, lui ajouter la crème sure (crème aigre) et bien mélanger. Verser ce mélange dans la soupe et bien mélanger. Utiliser de l'aneth haché comme garniture sur chaque portion et servir chaud.

4 portions.

Comme tout ce que conçoivent ou créent les shakers, leur cuisine est traditionnellement simple et fonctionnelle. Alors, oubliez cette cuisine si vous recherchez de la haute gastronomie ou quelque festin épicurien. Vous ne trouverez rien d'exotique dans leurs recettes. Vous ne trouverez que des recettes simples pour préparer des aliments connus, toutes rédigées avec soin, des recettes délicieuses qui donnent de beaux plats nourrissants. Lorsque vous vous précipitez avec appétit sur la nourriture, n'est-ce pas là sa raison d'être? Les shakers, Dieu les bénisse, le savent depuis plus d'un siècle.

Martin Dibner

Velouté aux asperges et à l'orange

450 g (1 lb) d'asperges, pelées et bien lavées
1 L (4 tasses) d'eau
45 g (4 c. à soupe) de beurre ou de margarine
30 g (3 c. à soupe) de farine tout usage
Sel et poivre blanc moulu
2 jaunes d'œufs
0,25 L (1 tasse) de vin blanc sec
2 c. à soupe de crème à 35 %
    ou de crème sure (crème aigre)
5 g (1 c. à thé) de sucre cristallisé
12, 5 cL (½ tasse) de jus d'orange, fraîchement pressé
Pincée de noix muscade

Peler la partie dure des asperges et bien les laver. Les déposer dans une marmite, ajouter l'eau et cuire à petits bouillons pendant 20 minutes. Égoutter les asperges et réserver l'eau de cuisson. Couper les tiges en deux et réserver les pointes.

Faire fondre le beurre ou la margarine dans une casserole, puis ajouter la farine par petites quantités en remuant continuellement. Ajouter l'eau de cuisson réservée, les tiges d'asperge, saler, poivrer et cuire pendant 5 à 6 minutes en remuant continuellement.

Homogénéiser la soupe au mélangeur électrique et la remettre dans la marmite. Continuer la cuisson à feu doux sans lui laisser atteindre le point d'ébullition.

Battre les jaunes d'œufs dans un saladier profond, ajouter le vin, la crème et le sucre, puis mélanger soigneusement. Verser ce mélange dans la soupe. Ajouter le jus d'orange, la noix muscade et les pointes d'asperge réservées, puis rectifier l'assaisonnement. Bien remuer la soupe et la réchauffer pendant quelques minutes sans la laisser bouillir. Servir immédiatement.

4 portions.

Voici un velouté léger, savoureux et élégant à servir lors d'une réception intime. Il est particulièrement intéressant au début du printemps, pendant la saison des asperges. La saveur du jus d'orange se marie merveilleusement avec celle des asperges fraîches.

Soupe au chou

3 L (12 tasses) d'eau
1 chou vert pommé
3 poireaux ou oignons
2 branches de céleri
2 pommes de terre moyennes
1 cube de bouillon
2 g (1 c. à thé) de persil haché
2 g (1 c. à thé) de thym émietté
Marjolaine, au goût
Sel et poivre, au goût

Verser l'eau dans une grande marmite. Râper le chou, couper les poireaux ou les oignons ainsi que le céleri en tranches, puis les ajouter à l'eau.

Peler les pommes de terre et les couper en dés. Ajouter les pommes de terre et le cube de bouillon à la soupe. Couvrir la marmite et laisser cuire doucement pendant deux heures à feu moyen-doux. Rajouter de l'eau si nécessaire.

Lorsque la soupe est cuite, ajouter le persil, le thym, la marjolaine, le sel et le poivre. Couvrir la marmite et laisser reposer pendant 30 minutes avant de servir.

6 à 8 portions.

Le chou est l'un des légumes les plus utilisés dans le nord de l'Europe et de l'Amérique. Il est aussi populaire en France, surtout dans le Nord-Est du pays, près des frontières de l'Allemagne et de la Belgique. Cette soupe classique est certainement née dans cette région. Elle est consistante et nourrissante et peut servir de repas complet. Elle est particulièrement agréable lors d'une froide soirée d'hiver.

Potage Céline
(soupe aux carottes et au céleri-rave)

110 g (4 oz) de beurre ou de margarine
  ou 1 dL (env. 4 oz) d'huile au choix
450 g (1 lb) de carottes
225 g (½ lb) de céleri-rave
1 oignon
2 L (8 tasses) d'eau
Sel et poivre, au goût
Cerfeuil (ou persil frais), haché finement

Faire fondre le beurre ou la margarine ou verser l'huile dans une marmite. Ajouter les carottes, le céleri-rave et l'oignon, coupés en tranches très fines ou en julienne. Faire revenir les légumes pendant quelques minutes, puis ajouter l'eau.

Laisser cuire pendant 30 minutes, puis ajouter le sel et le poivre au goût. Bien remuer.

Homogénéiser la soupe au mélangeur électrique, puis la remettre dans la marmite et la laisser cuire lentement à feu doux pendant 15 à 20 minutes. Laisser mijoter pendant quelques minutes de plus.

Juste avant de servir, ajouter le cerfeuil haché et bien mélanger. Servir chaud ou réfrigérer pendant deux heures et servir froid. Si l'on veut servir la soupe froide, il faut employer de l'huile plutôt que du beurre.

6 à 8 portions.

CRÈME DE BROCOLI

450 g (1 lb) de brocoli frais
3 pommes de terre moyennes
2 oignons
2 L (8 tasses) d'eau
1 cube de bouillon
0,25 L (1 tasse) de crème à 35 % ou de crème
    légère, à 15 %
Sel, au goût
Pincée de poivre de Cayenne
Fromage au choix, râpé, comme garniture

Laver et peler les légumes, puis les couper en petits dés. Verser l'eau dans une grande marmite et lui ajouter tous les légumes et le cube de bouillon. Cuire pendant une heure à feu moyen.

Homogénéiser la soupe au mélangeur électrique et la remettre dans la marmite. Ajouter la crème, le sel et le poivre de Cayenne, puis remuer. Réchauffer pendant quelques minutes, garnir avec du fromage râpé et servir chaud.

4 à 6 portions.

L'été, cette soupe peut être réfrigérée pendant quelques heures et servie froide. Si vous servez cette soupe chaude, vous pouvez parsemer chaque portion d'un peu de fromage râpé.

Malheureusement, le brocoli n'est pas toujours un légume apprécié, malgré sa grande valeur nutritive. Il est non seulement plein de vitamines et de sels minéraux, mais de récentes études permettent de penser que sa consommation protège de certains cancers, comme celui du sein et du côlon. De nombreuses personnes en apprécient davantage le goût lorsqu'il est servi sous forme de soupe crémeuse, comme celle-ci. Essayez-la pour apprendre à votre famille à aimer le brocoli.

Irish Brotchan
(soupe irlandaise aux panais)

45 g (4 c. à soupe) de beurre ou de margarine
4 poireaux hachés
4 panais hachés
4 grosses pommes de terre, coupées en dés
1,75 L (7 tasses) (ou plus, si nécessaire) de bouillon de poulet ou de légumes (2 cubes de bouillon dans l'eau)
30 g (½ tasse) de persil haché
3 c. à soupe de jus de citron
3 c. à soupe de vin blanc
Sel et poivre, au goût
6 c. à café (6 c. à thé) de crème sure (crème aigre) comme garniture
Oignons verts hachés finement comme garniture

Faire fondre le beurre ou la margarine dans une marmite et y faire revenir doucement les poireaux pendant quelques minutes en remuant souvent. Ajouter les panais et les pommes de terre, remuer de nouveau, couvrir et les faire revenir pendant 2 minutes de plus.

Ajouter le bouillon (ou l'eau et les cubes de bouillon), le persil, le jus de citron, le vin, le sel et le poivre. Porter à ébullition, couvrir la marmite et laisser mijoter doucement la soupe pendant 40 minutes.

Laisser refroidir, puis filtrer à travers une passoire ou homogénéiser au mélangeur électrique. Remettre dans la marmite. Rectifier l'assaisonnement en ajoutant si nécessaire un peu plus de jus de citron, de sel ou de poivre. Réchauffer la soupe jusqu'à ce qu'elle soit très chaude. Éteindre le feu, couvrir la marmite et laisser reposer pendant 5 minutes avant de servir. Déposer 1 c. à café (1 c. à thé) de crème sure (crème aigre) au centre de chaque portion et l'entourer d'oignons verts hachés finement comme garniture. Servir immédiatement.

6 portions.

Minestrone monastico
(soupe aux légumes du monastère)

3 L (12 tasses) d'eau
3 carottes
3 pommes de terre
170 g (1 tasse) de haricots verts
2 branches de céleri
200 g (1 tasse) de haricots blancs secs
3 oignons
0,25 L (1 tasse) d'huile d'olive
0,25 L (1 tasse) de vin blanc sec
120 g (1 tasse) de macaronis
Estragon frais, haché
Sel et poivre, au goût
Parmesan râpé

Laver et peler les légumes (sauf les haricots secs), puis les couper en petits dés. Verser l'eau dans une grande marmite et ajouter tous les légumes (y compris les haricots secs), sauf les oignons. Laisser cuire à feu moyen pendant une heure.

Dans un grand poêlon, faire revenir les oignons dans un peu de l'huile d'olive. Éteindre le feu dès que les oignons commencent à dorer.

Ajouter les oignons, le vin, le reste de l'huile d'olive, les macaronis, l'estragon, le sel et le poivre, puis laisser cuire la soupe pendant 15 minutes de plus. Couvrir la marmite et laisser mijoter pendant 10 minutes. Servir la soupe chaude, accompagnée de parmesan râpé.

6 à 8 portions.

En Italie, il existe certainement mille et une façons différentes de préparer le minestrone. Chaque famille possède en effet sa propre recette. Cette soupe est devenue très populaire en Amérique et elle est souvent servie à la table des monastères. Cette variante est celle de mon propre monastère – d'où son nom. Parmi les ingrédients, vous pouvez lire 0,25 L (1 tasse) de vin blanc, mais rien ne vous empêche d'en ajouter 0,25 à 0,5 L (1 à 2 tasses) de plus. Le vin est le secret de cette recette – et c'est ce qui fait toute la différence du monde.

Potage printanier à la française

35 g (3 c. à soupe) de beurre ou de margarine
350 g (2 tasses) de chou-fleur, haché
150 g (1 tasse) de petits pois frais
100 g (1 tasse) d'épinards hachés
2 carottes, en tranches
2 poireaux
1 céleri-rave haché
2 L (8 tasses) d'eau ou plus, si nécessaire
0,25 L (1 tasse) de xérès ou de vin blanc
    au choix
2 cubes de bouillon
2 tomates pelées et concassées
Une pincée d'un mélange d'herbes aromatiques
    (persil, cerfeuil et thym)
Sel et poivre, au goût

Faire fondre le beurre ou la margarine dans une marmite et y faire revenir tous les légumes, sauf les tomates, pendant 1 à 2 minutes.

Ajouter l'eau, le xérès ou le vin, les cubes de bouillon, les tomates, les herbes aromatiques, le sel et le poivre. Couvrir et cuire lentement la soupe à feu moyen-doux pendant une heure en remuant de temps à autre et en rajoutant de l'eau au besoin. Laisser reposer pendant 10 minutes.

Avant de servir la soupe, rajouter un peu d'herbes aromatiques hachées. Servir chaud.

6 à 8 portions.

La soupe et le poisson expliquent la moitié des émotions de la vie.

SYDNEY SMITH

Soupe aux pois de saint Germain

450 g (1 lb) de pois cassés verts ou jaunes
2 L (8 tasses) d'eau
2 pommes de terre, pelées et coupées en dés
2 navets de taille moyenne, coupés en dés
2 carottes moyennes, coupées en dés
2 branches de céleri, en tranches fines
1 gros oignon, en tranches
1 feuille de laurier
2 cubes de bouillon
9 cL (6 c. à soupe) d'huile d'olive
   ou 70 g (6 c. à soupe) de beurre
Sel et poivre, au goût
Un peu d'eau ou de lait, selon vos préférences
Croûtons (voir recette p. 222)

Laisser tremper les pois selon le mode d'emploi de l'emballage, puis les égoutter. Verser l'eau dans une grande marmite et porter à ébullition. Ajouter les pois, les légumes, le laurier et les cubes de bouillon. Couvrir et cuire à feu moyen pendant une heure en remuant de temps à autre. Laisser la soupe refroidir.

Ôter le laurier et homogénéiser au mélangeur électrique jusqu'à ce que la soupe soit lisse. La remettre dans la marmite. Ajouter l'huile ou le beurre, le sel, le poivre et de l'eau ou du lait. Porter de nouveau à ébullition pendant 5 minutes, en remuant constamment. Couvrir et laisser reposer pendant 5 minutes. Déposer les croûtons dans des bols individuels et les arroser de soupe. Servir chaud.

6 à 8 portions.

Velouté à l'avocat

70 g (6 c. à soupe) de beurre
6 oignons, en tranches et hachés
3 gousses d'ail, hachées
2 L (8 tasses) d'eau ou de bouillon
2 c. à soupe de brandy ou de cognac
4 œufs, blancs séparés des jaunes
2 avocats, pelés et dénoyautés
Sel et poivre, au goût
9 cL (6 c. à soupe) de crème légère, à 15 %
   ou de crème à 35 %
Feuilles de coriandre fraîche, hachées finement

Faire fondre le beurre dans une marmite. Ajouter les oignons et l'ail, puis les faire revenir en remuant constamment. Ajouter l'eau ou le bouillon ainsi que le brandy, couvrir et cuire à feu moyen-doux pendant 30 minutes.

Homogénéiser la soupe au mélangeur électrique et la remettre dans la marmite. Battre les blancs d'œufs en neige ferme, puis les ajouter à la soupe en remuant constamment.

Déposer les jaunes d'œufs et les avocats dans le mélangeur électrique, puis homogénéiser le tout. Ajouter ce mélange ainsi que le sel et le poivre à la soupe, puis continuer de remuer pendant quelques minutes, jusqu'à ce que tous les ingrédients soient bien mélangés. Cuire pendant 10 minutes de plus.

Ajouter la crème et remuer encore. Servir le velouté chaud et garnir en parsemant de coriandre hachée finement.

4 à 6 personnes.

Soupe de saint Christophe

2 L (8 tasses) de bouillon de légumes
   (voir recette p. 219)
½ chou rouge de taille moyenne, râpé et haché
   finement
12 cL (½ tasse) de jus de citron
Sel et poivre, au goût

Préparer un bon bouillon de légumes.

Déposer le chou haché, le jus de citron, le sel et le poivre dans un saladier profond. Laisser le mélange reposer pendant une heure en remuant de temps à autre.

Porter le bouillon à ébullition, ajouter le chou ainsi que tout le contenu du saladier et cuire pendant 5 minutes. Servir immédiatement.

6 portions.

·S·CHRISTO PHOR V S·

Voici une délicieuse soupe aux propriétés curatives qui est souvent utilisée en France pour soulager les indigestions ou les excès d'alcool. C'est aussi un remède courant à de nombreuses autres affections.

Juin

Que peut-on dire à propos de juin…
le temps du parfait jeune été,
la réalisation de la promesse des mois précédents,
sans aucun signe pouvant rappeler que sa fraîche
et nouvelle beauté disparaîtra un jour?
Pour ma part, je vagabonde dans la forêt en pensant:
Juin est là – juin est là: merci mon Dieu pour cet adorable juin!

GERTRUDE JEKYLL

Soupe des Ardennes

3 pommes de terre moyennes
2 blancs de poireaux
2 échalotes
3 endives
85 g (3 oz) de beurre ou de margarine
1,5 L (6 tasses) de lait (ou plus, si nécessaire;
    on peut employer du lait écrémé)
Sel et poivre blanc moulu
Noix muscade, au goût
Croûtons (voir recette p. 222)

Peler les pommes de terre et les couper en tranches fines. Couper les poireaux, les échalotes et les endives en julienne (très petits bâtonnets).

Faire fondre le beurre ou la margarine dans une casserole, ajouter les poireaux, les échalotes et les endives, puis les faire revenir pendant quelques minutes. Ajouter le lait et porter à légère ébullition. Ajouter les pommes de terre, le sel, le poivre et la noix muscade, puis baisser à feu moyen-doux et cuire la soupe pendant 25 minutes en remuant de temps à autre.

Éteindre le feu, couvrir la casserole et laisser reposer pendant 10 minutes.

Préparer les croûtons selon la recette de la page 222 ou faire griller quelques dés de pain pour remplacer les croûtons. En déposer quelques-uns dans chaque assiette et les arroser de soupe. Servir chaud.

4 à 6 portions.

Voici une autre soupe qui nous vient de la frontière entre la Belgique et la France. Il s'agit d'une recette où l'on utilise des légumes que l'on trouve habituellement dans cette région – poireaux, endives et pommes de terre. Sa particularité tient au fait qu'on la prépare avec du lait plutôt qu'avec de l'eau et que cela en améliore la qualité et la saveur. Ceux qui se soucient des calories supplémentaires apportées par le lait pourront utiliser du lait écrémé.

Crème de verdure

9 cL (6 c. à soupe) d'huile d'olive
1 oignon haché
1 laitue ou scarole, hachée finement
1 bouquet de cresson, haché finement
450 g (1 lb) d'épinards hachés
2 pommes de terre, en tranches
2 cubes de bouillon
3 L (12 tasses) d'eau (ou plus, si nécessaire)
0,5 L (2 tasses) de crème à 35 %
Sel, noix muscade et poivre blanc moulus,
   au goût
Paprika comme garniture

Verser l'huile d'olive dans une marmite et y faire revenir légèrement l'oignon. Ajouter la verdure hachée, les pommes de terre, les cubes de bouillon et l'eau. Laisser bouillir la soupe pendant 15 minutes et la laisser mijoter pendant 15 minutes de plus.

Homogénéiser au mélangeur électrique et remettre dans la marmite. Ajouter la crème et les assaisonnements, et bien remuer. Réchauffer la soupe et la servir chaude en saupoudrant chaque portion d'un peu de paprika.

6 portions.

Magnifique soupe, si riche et si verte.
Attendant dans une soupière chaude!
Qui, pour un tel mets, ne voudrait faire des bassesses?
La soupe pour le soir, magnifique soupe!

LEWIS CARROLL, *Alice au pays des merveilles*

Soupe aux huîtres et aux champignons

1 douzaine (½ tasse) d'huîtres, sans leur coquille

8 cL (⅓ tasse) d'huile d'olive

2 échalotes hachées

150 g (1 ½ tasse) de champignons émincés

0,25 L (1 tasse) de vermouth sec ou de vin blanc

0,75 L (3 tasses) de lait

12 cL (½ tasse) de crème à 35 %

Sel et poivre, au goût

6 g (1 c. à soupe) d'estragon

1 c. à café (1 c. à thé) de moutarde (ou une pincée de moutarde sèche)

Zeste de citron râpé comme garniture

Égoutter les huîtres et les réserver.

Verser l'huile dans une marmite et y faire légèrement revenir les échalotes et les champignons pendant 2 à 3 minutes. Ajouter le vermouth ou le vin blanc, bien remuer, couvrir la marmite et cuire pendant 2 minutes de plus.

Ajouter les huîtres, le lait, la crème, le sel et le poivre. Baisser à feu moyen-doux, couvrir et laisser doucement mijoter la soupe pendant 20 minutes. Remuer souvent et s'assurer qu'elle ne bout qu'à très petits bouillons.

Ajouter l'estragon et une pincée de moutarde sèche. Bien remuer, couvrir la soupe et la laisser reposer pendant 5 minutes avant de la servir chaude. Garnir chaque portion avec du zeste de citron, râpé.

4 portions.

Soupe danoise aux oignons et au champagne

10 oignons, en tranches
55 g (5 c. à soupe) de beurre ou de margarine
   ou 7 cL (5 c. à soupe) d'huile, au choix
1 L (4 tasses) d'eau bouillante
Sel et poivre fraîchement moulu, au goût
Pincée de poivre de Cayenne
Pincée de noix muscade, râpée
2 feuilles de laurier
1 bouteille de champagne sec (brut)
½ camembert (ou une pointe de brie)
4 jaunes d'œufs
0,25 L (1 tasse) de porto
6 à 8 tranches de pain, revenues dans du beurre

Dans une marmite, faire revenir les oignons dans le beurre, la margarine ou l'huile jusqu'à ce qu'ils commencent à dorer. Ajouter l'eau bouillante, le sel, le poivre, le poivre de Cayenne, la noix muscade et le laurier. Bien remuer et porter à ébullition. Baisser à feu moyen-doux, couvrir et cuire pendant 20 minutes.

Ajouter tout le champagne et porter la soupe à ébullition. Ajouter le fromage et bien le mélanger dans la soupe bouillante.

Battre les jaunes d'œufs avec le porto, ajouter ce mélange à la soupe et bien remuer. Éteindre le feu, couvrir et laisser reposer pendant 10 minutes. (La soupe ne doit pas bouillir de nouveau après l'addition du porto et des jaunes d'œufs.)

Déposer une tranche de pain revenu dans le beurre au centre de chaque bol et l'arroser à la louche avec la soupe. Servir chaud.

6 à 8 portions.

Le nord de l'Europe est célèbre pour ses soupes à base de bière. Dans cette recette qui provient du Danemark, on utilise toutefois du champagne, ce qui donne à la soupe une saveur unique. Comme le champagne coûte cher, je vous recommande d'utiliser un vin mousseux local plus ordinaire que le vrai champagne importé de France. C'est une excellente soupe à servir à un groupe d'amis. Mais comme elle est assez nourrissante, le reste du menu doit être léger, tout en restant appétissant.

Soupe aux quenelles de pomme de terre

1 oignon
1 carotte
1 branche de céleri
4 champignons
9 cL (6 c. à soupe) d'huile végétale
1,25 L (5 tasses) d'eau
Sel et poivre, au goût

Quenelles
270 g (1 ½ tasse) de purée de pommes
    de terre
3 g (1 c. à thé) de sel
1 œuf
5 g (1 c. à soupe) de persil haché
75 g (½ tasse) de farine tout usage

Couper les légumes en tranches fines et les faire revenir doucement dans l'huile pendant quelques minutes dans une marmite. Ajouter progressivement l'eau en remuant constamment. Ajouter le sel et le poivre, couvrir la marmite et cuire à feu moyen-doux pendant 30 minutes.

Pendant que la soupe cuit, mélanger tous les ingrédients des quenelles. Rouler la pâte en un long cylindre mince. Le couper en morceaux de 2,5 cm (1 po) de long et rouler chaque morceau entre les paumes des mains.

Déposer les quenelles dans la soupe et les cuire pendant 8 à 10 minutes. Servir chaud.

4 portions.

Soupe à la spartiate

1 L (4 tasses) de bouillon de bœuf
2 L (8 tasses) d'eau
1 gousse d'ail, hachée
1 gros oignon, en tranches
2 poireaux, en julienne
2 carottes, en julienne
1 branche de céleri, en tranches fines
1 petit chou, râpé
2 citrons
4 œufs
Sel et poivre, au goût

Verser le bouillon et l'eau dans une grande marmite. Ajouter l'ail et tous les légumes, puis porter à légère ébullition. Baisser à feu moyen-doux, couvrir et laisser mijoter pendant une heure et demie en rajoutant de l'eau si nécessaire. Ôter précautionneusement toute l'écume qui se rassemble à la surface de la soupe et la jeter.

Presser le jus des citrons et l'ajouter à la soupe. Battre les œufs et les mélanger délicatement à la soupe. Ajouter les assaisonnements et remuer rapidement pendant 2 à 3 minutes. Servir la soupe immédiatement.

4 à 6 portions.

En dépit de son nom, cette soupe n'a rien de «spartiate». Tous ceux qui ont goûté à ce plat m'assurent qu'il est très riche et nourrissant. Il constitue un repas complet à lui seul, comme on dit en France, et les œufs lui ajoutent des protéines. Une salade verte et un fruit frais servis ensuite suffisent amplement à rassasier tous les convives, même les plus affamés.

Soupe au cerfeuil

2 poireaux
75 g (½ tasse) de céleri
20 g (2 c. à soupe) de beurre ou de margarine
    ou 3 cL (2 c. à soupe) d'huile au choix
4 pommes de terre, coupées en dés
1 L (4 tasses) d'eau
0,5 L (2 tasses) de lait
90 g (1 ½ tasse) de cerfeuil frais, ciselé
Sel et poivre, au goût

Laver et couper les poireaux et le céleri en tranches fines. Faire fondre le beurre ou la margarine ou verser l'huile dans une marmite et y ajouter les poireaux, le céleri et les pommes de terre. Faire revenir le tout pendant 2 à 3 minutes. Ajouter l'eau, couvrir et laisser cuire à feu moyen-doux jusqu'à ce que les pommes de terre soient tendres.

Ajouter les ingrédients qui restent et homogénéiser la soupe au mélangeur électrique. Porter de nouveau à ébullition en remuant constamment. Servir immédiatement. Cette soupe peut aussi être réfrigérée et servie froide pendant l'été.

4 à 6 portions.

Solyanka
(soupe russe au concombre et au poisson)

2 gros concombres (frais ou au vinaigre)

35 g (3 c. à soupe) de beurre ou de margarine

2 oignons hachés

1,5 L (6 tasses) d'eau

12 cL (½ tasse) de vodka

2 filets de poisson blanc (morue, églefin, cabillaud ou merlu), coupés en petits morceaux

1 feuille de laurier

6 g (2 c. à thé) de câpres hachées

50 g (¼ tasse) d'olives vertes, dénoyautées et hachées

Sel et poivre, au goût

1 citron en tranches fines et persil (ou aneth) frais, haché finement, comme garniture

Peler les concombres et les couper en deux dans le sens de la longueur. Les évider, les couper en tranches fines, les saupoudrer de sel et les déposer dans un saladier au réfrigérateur pendant au moins huit heures pour les laisser dégorger. Rincer et égoutter les tranches avant de les ajouter à la soupe.

Faire fondre le beurre ou la margarine dans une marmite et y faire revenir les oignons à feu moyen pendant 2 à 3 minutes. Ajouter l'eau, la vodka, le poisson et le laurier. Porter l'eau à ébullition, couvrir la marmite et cuire la soupe pendant 20 minutes.

Ajouter les concombres, les câpres, les olives, le sel et le poivre. Couvrir la marmite et laisser mijoter pendant 20 minutes de plus.

Éteindre le feu, ôter le laurier et servir immédiatement la soupe. Garnir chaque assiette avec 2 tranches de citron et du persil ou de l'aneth, haché finement.

4 à 6 portions.

La classification des soupes traditionnelles russes a été retrouvée dans les annales du XVIe et du XVIIe siècles. Les paysans appelaient à l'origine tous les aliments «solyanka». Aujourd'hui, la «solyanka» est une soupe savoureuse, sucrée et aigre dans laquelle la choucroute ou le concombre mariné est un des principaux ingrédients.

F. SIEGEL, *Russian Cooking*

CRÈME DE CHOU-FLEUR

450 g (1 lb) de chou-fleur frais
2 pommes de terre
1 grosse carotte
1 oignon
2 L (8 tasses) d'eau
2 gousses d'ail, hachées
1 cube de bouillon
0,5 L (2 tasses) de sauce blanche
   (voir recette p. 221)
Sel et poivre, au goût
Cerfeuil haché comme garniture

Laver les légumes et les couper en petits morceaux. Verser l'eau dans une grande marmite et ajouter tous les légumes, l'ail haché et le cube de bouillon. Couvrir et cuire lentement pendant une heure à feu moyen-doux. Rajouter de l'eau si nécessaire.

Préparer 500 mL (2 tasses) de sauce blanche dans une casserole de taille moyenne en suivant la recette de la p. 221.

Lorsque les légumes sont cuits, homogénéiser la soupe au mélangeur électrique et la remettre dans la marmite. Ajouter la sauce blanche et les assaisonnements au goût. Bien remuer.

Réchauffer la soupe pendant quelques minutes et la servir chaude (pendant l'hiver). Pendant l'été, la réfrigérer pendant au moins quatre heures et la servir froide. La parsemer de cerfeuil haché comme garniture.

4 à 6 portions.

Le chou-fleur possède une merveilleuse saveur douce. Cette soupe peut être préparée et appréciée pendant toute l'année, car on peut facilement trouver du chou-fleur partout. Si vous décidez de la servir l'été, réfrigérez-la pendant plusieurs heures avant de la servir.

Zuppa di pasta e fagioli
(soupe aux pâtes et aux haricots)

2 oignons de taille moyenne, hachés finement

8 cL (⅓ tasse) d'huile d'olive

4 gousses d'ail, hachées

800 g (28 oz) de tomates italiennes avec leur jus, hachées, en conserve

1 feuille de laurier

2 g (1 c. à thé) de romarin séché

2 à 3 g (1 c. à thé) de basilic frais ou séché, haché

4 brins de persil à larges feuilles, hachés

800 g (4 tasses) de petits haricots blancs secs (cannellini), précuits ou 420 g (15 oz) de petits haricots blancs en conserve

1,5 L (6 tasses) d'eau

0,25 L (1 tasse) de vin blanc

Sel et poivre fraîchement moulu, au goût

110 g (4 oz) de pâtes alimentaires (coquillettes, de préférence)

Parmesan ou romano râpé comme garniture

1 c. à soupe d'huile d'olive par portion (facultatif)

Faire revenir les oignons dans l'huile d'olive pendant 2 minutes dans une grande marmite. Ajouter l'ail et le faire revenir pendant 1 minute de plus, en remuant constamment.

Ajouter les tomates hachées (avec leur jus), le laurier, le romarin ainsi que le basilic et le persil. Cuire à feu moyen pendant 3 minutes en remuant souvent, jusqu'à ce que le mélange ait une consistance lisse et épaisse.

Ajouter les haricots précuits, l'eau, le vin, le sel et le poivre. Bien remuer la soupe et la porter à ébullition. Couvrir et cuire pendant 15 minutes à feu moyen. (Ne pas trop laisser cuire.) Ajouter les pâtes et laisser cuire pendant 5 minutes de plus. Éteindre le feu, couvrir la marmite et laisser reposer la soupe pendant 10 minutes. Servir chaud après avoir ôté le laurier. Parsemer le dessus de chaque portion de fromage râpé. Pour obtenir une touche italienne de plus, verser 1 c. à soupe d'huile d'olive au centre de chaque bol à soupe.

4 à 6 portions.

Vous pouvez ajouter d'autres ingrédients à cette soupe, comme d'autres légumes ou de la pancetta (poitrine de porc salée et aromatisée à l'italienne), selon vos préférences.

Soupe aux carottes
à la normande

2 oignons
8 carottes
1,5 L (6 tasses) d'eau
0,25 L (1 tasse) de lait
30 g (3 c. à soupe) de farine tout usage
Pincée de thym
9 cL (6 c. à soupe) d'huile d'olive
Sel et poivre, au goût
6 c. à soupe de jus de citron
Persil haché finement

Hacher finement les oignons et les carottes, les déposer dans une marmite et ajouter l'eau. Porter à ébullition en faisant chauffer lentement. Couvrir la marmite, puis laisser reposer la soupe pendant 20 minutes.

Ajouter le lait, la farine, le thym, l'huile, le sel et le poivre. Homogénéiser la soupe au mélangeur électrique, puis la remettre dans la marmite. Lui ajouter le jus de citron et faire réchauffer doucement pendant 10 minutes, jusqu'à ce qu'elle soit chaude. Servir la soupe en la parsemant de persil. Cette soupe peut être servie chaude ou froide. (Pour la servir froide, la réfrigérer pendant quelques heures.)

6 portions.

Soupe aux concombres à la chinoise

1,5 L (6 tasses) de bouillon de poulet ou de légumes

2 concombres de grande taille, pelés, évidés et coupés en dés

8 champignons lavés, en tranches fines

4 oignons verts, hachés

Sel et poivre, au goût

4 cL (2 c. à soupe et 2 c. à thé) d'huile de sésame

1 c. à soupe de vinaigre blanc ou de riz

Pincée de gingembre moulu

Verser le bouillon dans une marmite et porter à ébullition. Ajouter les concombres, les champignons, les oignons verts, le sel et le poivre. Couvrir la marmite et cuire lentement à feu moyen-doux pendant 15 à 20 minutes.

Homogénéiser au mélangeur électrique. Ajouter les assaisonnements supplémentaires – huile de sésame, vinaigre et gingembre – et bien homogénéiser encore une fois. Réfrigérer la soupe pendant quelques heures et la servir froide. Ou alors, la réchauffer et la servir chaude, comme le font les Chinois.

4 à 6 portions.

On peut décrire les bouillons chinois et japonais aux personnes qui ne sont pas habituées à ce genre de bouillons comme extrêmement délicats. On peut aussi leur dire que ces bouillons semblent ne contenir aucun ingrédient. Le bouillon de bœuf ou de poulet préparé selon les recettes asiatiques ressemble au bouillon de bœuf britannique fait avec de la viande maigre et des herbes aromatiques mijotées pendant des heures en dessous du point d'ébullition – afin que le bouillon reste clair sans qu'il soit nécessaire de le filtrer ou de le clarifier à l'œuf.

DOLORES VANETTI, *The Querulous Cook*

Soupe espagnole à la coriandre

9 cL (6 c. à soupe) d'huile d'olive
2 oignons hachés
2 blancs de poireaux, hachés
3 gousses d'ail, hachées
4 pommes de terre, pelées et coupées en dés
1,75 L (7 tasses) de bouillon de légumes
    ou de poulet
100 g (1 tasse) de feuilles de coriandre fraîche
    (ou un très gros bouquet) – réserver
    quelques feuilles pour la garniture
Sel, au goût
Pincée de poivre de Cayenne ou au goût

Verser l'huile d'olive dans une marmite et y faire revenir pendant 2 à 3 minutes à feu doux les oignons, les poireaux et l'ail. Ajouter les pommes de terre et les faire revenir pendant 1 minute de plus en remuant constamment.

Ajouter le bouillon, couvrir et laisser mijoter la soupe pendant 30 minutes, jusqu'à ce que les pommes de terre soient bien cuites. Ôter du feu.

Ajouter la coriandre, le sel et le poivre de Cayenne. Homogénéiser la soupe au mélangeur électrique ou au robot de cuisine en 3 fois. La réfrigérer pendant au moins dix heures avant de la servir. La servir très froide en garnissant chaque portion avec quelques feuilles de coriandre fraîche.

6 portions.

Velouté au céleri
et à l'orange

8 branches de céleri, hachées

1,5 L (6 tasses) d'eau

1 L (4 tasses) de jus d'orange

1 cube de bouillon de légumes

Sel et poivre, au goût

2 jaunes d'œufs

12 cL (½ tasse) de vermouth blanc sec

1 c. à café (1 c. à thé) de farine tout usage

2 c. à soupe de crème à 35 % ou de crème sure
    (crème aigre)

3 g (½ c. à thé) de sucre cristallisé

Feuilles de menthe fraîche comme garniture

Laver, trier et hacher les branches de céleri, puis les déposer dans une marmite. Ajouter l'eau, le jus d'orange, le cube de bouillon, le sel et le poivre. Porter à ébullition, puis couvrir la marmite et laisser bouillir à petits bouillons pendant une heure et demie à deux heures. Filtrer la soupe à travers une passoire et en ôter les solides.

Battre les jaunes d'œufs dans un saladier profond. Ajouter le vermouth, la farine, la crème ou la crème sure (crème aigre) ainsi que le sucre, puis bien mélanger le tout (ou mieux, homogénéiser au mélangeur électrique jusqu'à consistance épaisse et crémeuse).

Verser le mélange dans la soupe et bien remuer jusqu'à consistance lisse. Rectifier l'assaisonnement et bien réchauffer. (Sans laisser bouillir!) Servir immédiatement en disposant quelques feuilles de menthe fraîche sur chaque portion comme garniture. (Cette soupe est toujours rafraîchissante, même servie chaude en été.)

4 à 6 portions.

Soupe froide
aux carottes

2 poireaux hachés

2 pommes de terre, pelées et coupées en dés

4 carottes de bonne taille, en tranches

87,5 cL (3 ½ tasses) de bouillon de poulet ou de légumes

Sel, au goût

1 g (½ c. à thé) de gingembre moulu

4 c. à soupe de jus de citron

0,25 L (1 tasse) de crème légère, à 15 %

Fines tranches de citron ou feuilles de menthe fraîche comme garniture

Déposer les légumes préparés dans une marmite, ajouter le bouillon et le sel, puis porter la soupe à ébullition. Baisser le feu, couvrir et laisser mijoter jusqu'à ce que les légumes soient bien cuits.

Ajouter le gingembre, le jus de citron ainsi que la crème et bien remuer.

Homogénéiser au mélangeur électrique ou au robot de cuisine et réfrigérer pendant quelques heures avant de servir. Servir la soupe dans des bols de verre et garnir chaque portion avec une tranche de citron ou des feuilles de menthe fraîche.

4 portions.

Juillet

Ô jour d'été auprès de la mer joyeuse!
Ô jour d'été si merveilleux et clair,
Tellement rempli de joie et si plein de douleur!
Pour toujours et toujours tu ne seras point
Pour certains la pierre tombale d'un délice défunt,
Pour certains la frontière d'un nouveau domaine.

HENRY WADSWORTH LONGFELLOW

Soupe aux herbes de sainte Berthilde

1 petite laitue
1 bouquet d'oseille
70 g (1 tasse) de persil ciselé
10 oignons verts ou 2 poireaux
1 bouquet de cresson
Beurre
1,5 L (6 tasses) d'eau (ou de bouillon de
    légumes si l'on sert la soupe chaude)
0,25 L (1 tasse) de vin blanc
12 cL (½ tasse) de crème à 35 % ou de crème
    légère, à 15 %
1 jaune d'œuf, battu
30 g (½ tasse) de cerfeuil
Sel et poivre, au goût

Couper la laitue et l'oseille. Hacher finement le persil, les oignons verts ou les poireaux, puis le cresson.

Faire fondre le beurre dans une marmite, lui ajouter la verdure hachée et cuire pendant quelques minutes à feu doux en remuant constamment. Ajouter l'eau (ou le bouillon) et le vin. Couvrir la marmite et laisser cuire pendant 40 minutes.

Ôter la marmite du feu, ajouter la crème, le jaune d'œuf, le cerfeuil, le sel et le poivre. Bien homogénéiser au mélangeur électrique. Réchauffer pendant quelques minutes, mais sans laisser bouillir. Réfrigérer la soupe et la servir froide. Ou alors, la servir chaude en l'accompagnant de tranches de pain.

6 portions.

De nombreuses soupes qui ont évolué à travers les siècles dans les provinces françaises sont plus souvent à base de légumes que de viande et sont décrites comme des «potages de santé»... Elles sont à base d'épinards et d'oseille, et de toutes les herbes aromatiques, et de champignons, et de lait frais, et de crème et de beurre, toutes ayant une délicieuse saveur après ces longs mois d'hiver passés à manger des racines comme les navets et les pommes de terre, et les choux, et les oignons et l'ail.

M. E. K. FISHER, *The Cooking of Provincial France*

Crème de légumes à la mode de Tours

4 grosses carottes

4 navets blancs, moyens

3 blancs de poireaux

45 g (4 c. à soupe) de beurre ou de margarine
ou 6 cL (4 c. à soupe) d'huile au choix

1,75 L (7 tasses) d'eau

2 grosses pommes de terre, pelées et tranchées

90 g (½ tasse) de riz

75 g (½ tasse) de petits pois, frais
ou surgelés

0,5 L (2 tasses) de lait

Sel et poivre, au goût

Crème à 35 % ou crème sure (crème aigre) et
cerfeuil haché comme garniture

Laver les carottes, les navets et les poireaux, puis les couper en tranches fines.

Faire fondre le beurre ou la margarine ou verser l'huile dans une marmite et y faire revenir les légumes pendant 2 à 3 minutes en remuant constamment. Ajouter l'eau et la porter à ébullition. Baisser à feu moyen, couvrir et cuire pendant 15 minutes à feu moyen.

Ajouter les pommes de terre, le riz et les petits pois, puis remuer. Couvrir la marmite et cuire pendant 30 minutes de plus à feu moyen-doux.

Égoutter les légumes et les passer à travers une passoire ou les homogénéiser au mélangeur électrique. Remettre les légumes et leur liquide dans la marmite. Ajouter le lait et les assaisonnements, puis faire bouillir la soupe à petits bouillons en remuant souvent. Éteindre le feu, couvrir et laisser reposer la soupe pendant 5 minutes. La servir chaude pendant l'hiver ou la réfrigérer pendant quelques heures et la servir froide pendant l'été. Pour la servir froide, utiliser une huile légère plutôt que du beurre. Garnir le centre de chaque portion de soupe avec 1 c. à café (1 c. à thé) de crème et entourer d'un peu de cerfeuil haché.

6 portions.

Consommé de céleri-rave

2 à 3 céleris-raves
2 L (8 tasses) de bouillon de poulet (ou 3 cubes
    de bouillon dans l'eau)
3 tomates
2 citrons
1 cœur de céleri
Persil
Pincée de poivre de Cayenne
Sel, au goût

Couper les céleris-raves en gros dés et les cuire lentement dans le bouillon (ou dans l'eau et les cubes de bouillon) à feu moyen.

Peler les tomates, les passer à travers une passoire pour en recueillir les petites graines et jeter celles-ci. Ajouter ce mélange et le jus des 2 citrons à la soupe.

Couper le cœur de céleri en petites tranches fines. Hacher d'abord le persil, puis lui ajouter le céleri et hacher les deux ensemble. Mettre le tout dans la soupe. Ajouter le poivre de Cayenne et le sel.

Après une heure et quart de cuisson, goûter la soupe pour vérifier si elle est cuite. La filtrer ensuite à travers une passoire fine pour recueillir les morceaux de légumes. Placer le consommé au réfrigérateur pendant plusieurs heures. Servir froid.

4 à 6 portions.

Avec leur connaissance des mariages de saveurs, les Français ont allié l'imagination à un véritable flair pour les assaisonnements, à un point tel que leurs soupes valent la peine d'être copiées.

CLAIRE DE PRATZ, *French Home Cooking*

Soupe aux topinambours

2 L (8 tasses) d'eau
10 topinambours, bien lavés et tranchés
5 grosses pommes de terre, pelées et tranchées
1 poireau
2 oignons
2 gousses d'ail
9 cL (6 c. à soupe) d'huile au choix ou 70 g
    (6 c. à soupe) de beurre ou de margarine
Sel et poivre, au goût
0,5 L (2 tasses) de lait
Persil frais haché comme garniture

Verser l'eau dans une marmite, puis ajouter les topinambours et les pommes de terre. Couvrir la marmite et porter à ébullition, puis diminuer à feu moyen-doux et laisser mijoter doucement pendant 45 minutes.

Couper le poireau et les oignons en tranches, puis hacher l'ail. Les déposer dans une autre marmite, ajouter l'huile, le beurre ou la margarine, couvrir et les faire revenir à feu doux pendant 2 à 3 minutes au maximum. Remuer souvent et veiller à ce que les légumes ne brûlent pas ou n'adhèrent pas au fond de la marmite.

Ajouter le mélange d'oignons et de poireau à la soupe, puis cuire pendant 15 minutes de plus. Éteindre le feu et laisser refroidir.

Homogénéiser la soupe au mélangeur électrique ou au robot de cuisine, ou la passer à travers une passoire. La remettre dans une marmite propre, puis ajouter les assaisonnements et le lait. Bien mélanger, réchauffer et porter à ébullition. Éteindre le feu, couvrir la marmite et laisser reposer la soupe pendant 5 minutes avant de servir. Garnir chaque portion en la parsemant de persil frais, haché. (En été, cette soupe peut être réfrigérée pendant quelques heures et servie froide.)

6 portions.

Consommé de légumes à la Colbert

2 L (8 tasses) d'eau
4 cubes de bouillon
2 carottes
2 poireaux ou oignons
1 bouquet de feuilles d'oseille ou d'épinard
2 c. à soupe de jus de citron
12 cL (½ tasse) de vermouth blanc
Sel et poivre, au goût

Porter l'eau à ébullition. Ajouter les cubes de bouillon, les carottes, les poireaux ou les oignons, l'oseille ou les épinards, le jus de citron, le vermouth, le sel et le poivre. Laisser cuire doucement la soupe pendant une heure et quart. La laisser reposer pendant 15 minutes, puis la filtrer à travers une passoire.

Réfrigérer le consommé pendant plusieurs heures et le servir très froid.

4 portions.

Nous savons tous que l'eau dans laquelle des légumes ont cuit contient des minéraux d'une grande valeur nutritive. Nous n'aimons pas devoir la jeter, mais nous ne voulons pas la servir avec les légumes. La marmite n'attend qu'une chance comme celle-là et la soupe n'est riche et savoureuse qu'en fonction de ce qu'elle reçoit. Son succès ne dépend pas de mesures précises ni d'ingrédients particuliers, mais bien d'une alliance des saveurs.

CLAIRE DE PRATZ, *French Home Cooking*

Soupe froide aux tomates

8 cL (⅓ tasse) d'huile d'olive

4 blancs de poireaux, tranchés

4 gousses d'ail, hachées

8 grosses tomates

2 L (8 tasses) d'eau

Bouquet garni (quelques brins d'estragon, de thym et de basilic liés ensemble, puis enlevés avant de servir)

Sel et poivre, au goût

Un filet de jus de citron

1 branche de céleri, hachée (facultatif)

Verser l'huile dans une grande marmite. Ajouter les tranches de poireaux, l'ail et les tomates, d'abord pelées, puis coupées en quartiers. Faire revenir les légumes pendant quelques minutes, jusqu'à ce que les tomates se transforment en sauce.

Ajouter l'eau et les ingrédients qui restent. Couvrir la marmite et laisser cuire à feu moyen pendant 30 minutes. Filtrer la soupe à travers une passoire et la réfrigérer pendant au moins trois heures. Servir très froid.

4 à 6 portions.

Chaudrée de maïs aux crevettes

1,25 L (5 tasses) d'eau
2 oignons hachés
2 branches de céleri, hachées
1 petit poivron vert, haché
1 carotte, coupée en petits dés
2 grosses pommes de terre, coupées en dés
1 feuille de laurier
20 g (2 c. à soupe) de farine tout usage
0,5 L (2 tasses) de lait
480 g (17 oz) de maïs en crème, en conserve
200 g (1 tasse) de maïs en grains
450 g (1 lb) de crevettes, cuites et décortiquées
Sel et poivre, au goût
Persil, haché finement, et paprika
    comme garniture

Verser l'eau dans une grande marmite. Ajouter les oignons, le céleri, le poivron, la carotte, les pommes de terre et le laurier. Porter à ébullition, couvrir et laisser mijoter doucement pendant 20 minutes.

Délayer la farine dans le lait et l'ajouter à la soupe.

Ajouter le maïs, les crevettes et les assaisonnements. Bien remuer la soupe et la laisser cuire pendant quelques minutes à feu moyen-doux. Ôter le laurier et servir en garnissant chaque bol avec une pincée de persil haché et de paprika.

6 portions.

En 15 ans, j'ai oublié à quel point la chaudrée de maïs aux crevettes était délicieuse. Je l'ai préparée depuis avec du maïs frais et surgelé – et il m'est difficile de faire la différence. J'ai aussi utilisé des crevettes surgelées et j'ai obtenu d'excellents résultats... La fine sauce blanche qui donne à la chaudrée sa saveur crémeuse particulière est préparée séparément, puis mélangée ensuite aux autres ingrédients.

BERNARD CLAYTON fils, *The Complete Book of Soups and Stews*

Consommé à la madrilène

2 L (8 tasses) d'eau
4 cubes de bouillon
4 branches de céleri, coupées en petits dés
2 oignons moyens, hachés
2 tomates, pelées et coupées en morceaux
1 poivron vert, en lamelles
250 g (10 oz) de sauce tomate en conserve
Pincée de poivre de Cayenne
Sel et poivre, au goût

Porter l'eau à ébullition et ajouter les cubes de bouillon, les légumes préparés, la sauce tomate, le poivre de Cayenne, le sel et le poivre. Laisser bouillir doucement à feu moyen-doux pendant une heure et quart. Laisser reposer pendant 10 minutes de plus.

Filtrer la soupe à travers une passoire. Réfrigérer le consommé recueilli pendant plusieurs heures et le servir froid.

4 à 6 portions.

Soupe aux avocats

2 avocats mûrs

0,25 L (1 tasse) de lait écrémé (ou de crème
légère, à 15 % pour une soupe plus épaisse)

65 g (4 c. à soupe) d'oignons verts, hachés

1 c. à café (1 c. à thé) de jus de citron

0,75 L (3 tasses) de bouillon de poulet

6 cL (¼ tasse) de xérès sec

Sel et poivre blanc, au goût

20 g (¼ tasse) de feuilles de coriandre fraîche,
hachées

Couper les avocats en deux. Les dénoyauter, les peler et les couper en morceaux. Mélanger l'avocat avec le lait ou la crème dans le mélangeur électrique, puis homogénéiser le tout. Ajouter les oignons verts et le jus de citron, puis homogénéiser de nouveau jusqu'à ce que le mélange soit lisse.

Porter le bouillon de poulet à ébullition. Éteindre le feu et ajouter le xérès, le sel, le poivre et la moitié de la coriandre. Laisser mijoter pendant quelques minutes.

Verser la purée d'avocats dans le bouillon et bien mélanger le tout. Réfrigérer la soupe pendant au moins deux heures. La servir froide et la garnir avec la coriandre qui reste avant de servir.

4 portions.

Voici une soupe savoureuse et nourrissante pour l'été, qui peut être un excellent début à un bon repas. Les végétariens peuvent remplacer le bouillon de poulet par du bouillon de légumes et ceux qui surveillent leur alimentation se rappelleront que l'avocat contient une protéine complète.

Chaudrée de saumon

1 L (4 tasses) de lait écrémé (ou plus, si nécessaire)

1 oignon

1 branche de céleri

1 petit poivron rouge

200 g (1 tasse) de saumon frais, légèrement poché

12 cL (½ tasse) de crème légère, à 15 %

2 cL (1 c. à soupe et 1 c. à thé) de xérès sec

Sel et poivre blanc, au goût

Tranches de concombre et de l'aneth comme garniture

Verser le lait dans une marmite, couper les légumes en tranches fines et les cuire dans le lait pendant 10 minutes en remuant constamment.

Ôter toutes les arêtes et la peau du saumon, en défaire la chair à la fourchette et l'ajouter à la soupe. Ajouter la crème, le xérès et les assaisonnements. Bien homogénéiser au mélangeur électrique, réfrigérer et laisser refroidir pendant au moins huit à dix heures.

Répartir la chaudrée à la louche dans des assiettes à soupe, garnir chacune avec une tranche de concombre et un peu d'aneth, haché finement, puis servir.

4 portions.

Voici une recette facile à préparer et agréable à servir pendant les jours d'été. Le mot chaudrée vient du mot «chaudière», une marmite en fer à trois pieds utilisée pour préparer des soupes épaisses. Il est très probable que ce mot a émigré du Canada français en Nouvelle-Angleterre, puis plus tard à Long Island, dans l'État de New York, où toutes les variantes de soupes de poisson épaisses portent le nom de chaudrée.

Soupe aux petits pois, aux carottes et à la menthe

750 g (5 tasses) de petits pois, frais ou surgelés
2 carottes, pelées et tranchées
2 poireaux ou 1 oignon, hachés
1,25 L (5 tasses) de bouillon de légumes
   ou de poulet
15 g (1 c. à soupe) de sucre cristallisé
8 feuilles de menthe fraîche
Sel et poivre, au goût
35 g (3 c. à soupe) de beurre ou de margarine
   ou 4,5 cL (3 c. à soupe) d'huile au choix
2 c. à soupe de fécule de maïs
0,25 L (1 tasse) de lait (on peut utiliser du lait
   partiellement écrémé, à 1 % ou à 2 %)
Feuilles de menthe fraîche comme garniture

Déposer les légumes préparés dans une marmite et ajouter le bouillon. Porter à ébullition, ajouter le sucre, la menthe, le sel et le poivre, puis couvrir la marmite. Laisser mijoter la soupe à feu doux pendant 30 minutes.

Homogénéiser au mélangeur électrique ou au robot de cuisine jusqu'à l'obtention d'une purée lisse.

Faire fondre le beurre ou la margarine ou verser l'huile dans une autre casserole, ajouter la fécule et remuer constamment jusqu'à ce qu'elle forme une pâte. Ajouter le lait et remuer sans interruption jusqu'à ce que la sauce épaississe.

Ajouter la sauce à la soupe et bien mélanger. Réchauffer la soupe et la servir chaude en garnissant chaque portion avec quelques feuilles de menthe. (Cette soupe peut aussi être réfrigérée pendant quelques heures et servie froide.)

4 à 6 portions.

Soupe de courgettes à la napolitaine

7 petites courgettes, en tranches

35 g (3 c. à soupe) de beurre

1,5 L (6 tasses) d'eau

Sel et poivre, au goût

3 œufs

40 g (4 c. à soupe) de parmesan râpé

Bouquet de persil et de basilic frais, haché finement

Croûtons (facultatif; voir recette p. 222)

Déposer les tranches de courgette dans une marmite de grande taille. Ajouter le beurre et cuire lentement pendant 5 minutes à feu doux en remuant constamment.

Ajouter l'eau, le sel et le poivre, puis porter à ébullition et cuire pendant 20 minutes, jusqu'à ce que les courgettes soient tendres. Couvrir la marmite.

Battre les œufs dans un grand saladier, ajouter le fromage, le persil et le basilic, puis bien mélanger le tout. Ajouter ce mélange à la soupe et remuer. Laisser cuire pendant 4 ou 5 minutes de plus, au maximum.

Servir chaud en garnissant avec quelques croûtons.

6 portions.

Soupe froide au basilic

2 concombres moyens, pelés, évidés
   et tranchés
3 poivrons verts, en tranches
4 tomates moyennes, en tranches
1 oignon blanc doux, en tranches
2 gousses d'ail, pelées
25 feuilles de basilic, lavées
1,25 L (5 tasses) d'eau froide
Sel et poivre, au goût
500 g (16 oz) de yogourt nature
Feuilles de basilic frais comme garniture

Déposer les légumes préparés, l'ail et le basilic dans le mélangeur électrique, puis bien homogénéiser le tout.

Verser le contenu du mélangeur dans une grande marmite ou un grand saladier. Ajouter l'eau, le sel, le poivre, le yogourt et bien mélanger le tout à la main. Réfrigérer pendant au moins trois heures avant de servir.

Servir la soupe dans des bols profonds en garnissant le centre de chaque portion avec quelques feuilles de basilic frais.

6 portions.

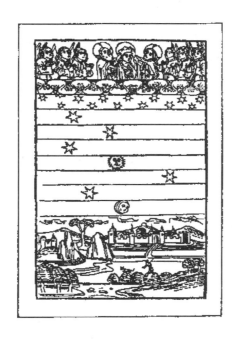

Août

Le calme mois d'août est arrivé ce midi;
Un silence pesant emplit le ciel,
Les champs sont tranquilles, les bois silencieux,
Dans un sommeil de verre les eaux reposent.

Sous le ciel grand ouvert de partout,
Parmi les plantes et tout ce qui respire,
Les œuvres innocentes et paisibles de Dieu,
Je goûterai ce calme que la saison apporte.

WILLIAM CULLEN BRYANT

Crème de fenouil

1 poireau, en tranches fines
8 cL (⅓ tasse) d'huile d'olive
4 gousses d'ail, hachées
5 bulbes de fenouil, émincés
8 tomates pelées, évidées et hachées
1,5 L (6 tasses) de bouillon de légumes ou de
    poulet (ou 3 cubes de bouillon dans l'eau)
50 g (½ tasse) de feuilles tendres de fenouil,
    hachées finement au mélangeur électrique
0,25 L (1 tasse) de crème à 35 % ou 250 g de
    yogourt à 1 % ou à 2 %
Sel et poivre, au goût

Faire revenir les poireaux dans l'huile jusqu'à ce qu'ils soient tendres. Ajouter immédiatement l'ail et le fenouil. Bien remuer et cuire pendant quelques minutes, jusqu'à ce que le fenouil commence à être tendre.

Ajouter les tomates. Bien remuer et cuire à feu moyen jusqu'à ce que les tomates se transforment en sauce. Ajouter le bouillon (ou l'eau et les cubes de bouillon), porter à ébullition et laisser cuire à feu moyen pendant 15 minutes.

Homogénéiser au mélangeur électrique et remettre dans la marmite. Ajouter le fenouil haché, la crème ou le yogourt, le sel et le poivre. Porter de nouveau à ébullition pendant 1 minute. Éteindre le feu, bien remuer, couvrir la marmite et laisser reposer la soupe pendant 10 minutes avant de servir. En été, la réfrigérer pendant une heure et la servir bien froide.

4 à 6 portions.

Voici une soupe originale et élégante que l'on sert généralement froide pendant l'été. La saveur de réglisse du fenouil est à la fois subtile, rafraîchissante et tonique. Ceux qui surveillent leur poids pourront facilement remplacer la crème à 35 % par du yogourt à 1 % ou à 2 %. Ou encore mieux, utiliser 12 cL (½ tasse) de yogourt nature et 12 cL (½ tasse) de lait partiellement écrémé, à 1 % ou à 2 %.

Consommé à l'ail

2 L (8 tasses) de bouillon de viande (ou
   3 cubes de bouillon dans l'eau)
12 gousses d'ail, hachées
1 bouquet garni (feuille de laurier, thym, persil
   et origan liés ensemble pour la cuisson et
   retirés avant de servir)
30 cL (10 oz) de sauce tomate en conserve
6 cL (¼ tasse) de brandy ou de cognac
Pincée de poivre de Cayenne
Sel, au goût

Porter à ébullition le bouillon (ou l'eau et les cubes de bouillon). Ajouter l'ail et le bouquet garni. Couvrir et laisser cuire à feu doux pendant au moins une heure. Rajouter de l'eau si nécessaire.

Après une heure de cuisson lente, ajouter la sauce tomate, le brandy, le poivre de Cayenne et le sel. Remuer en veillant à bien mélanger. Filtrer à travers une passoire et jeter l'ail et le bouquet garni. Servir la soupe chaude l'hiver ou la réfrigérer et la servir froide l'été.

6 portions.

Soupe au brocoli

450 g (1 lb) de brocoli
3 gousses d'ail
6 brins de persil
4 tranches de bacon maigre
9 cL (6 c. à soupe) d'huile d'olive
150 g (6 oz) de concentré (pâte) de tomate
   en conserve
1,5 L (6 tasses) d'eau
Sel et poivre, au goût
Gruyère ou parmesan, râpé, comme garniture

Laver soigneusement le brocoli. Le détacher en petits bouquets et jeter la partie dure des tiges. Bien hacher l'ail, le persil et le bacon.

Verser l'huile d'olive dans une marmite, ajouter le brocoli, l'ail, le persil et le bacon, puis les faire revenir pendant 1 à 2 minutes en remuant. Ajouter le concentré (pâte) de tomate et 5 dL (2 tasses) d'eau. Bien remuer, couvrir la marmite et laisser cuire pendant 5 minutes.

Ajouter l'eau qui reste, soit 1 L (4 tasses), et cuire pendant 30 minutes à feu moyen. Ajouter le sel et le poivre, puis laisser mijoter pendant quelques minutes. Juste avant de servir, réduire en purée au mélangeur électrique. Cette soupe peut être servie chaude ou froide. Pour la servir chaude, la garnir à la dernière minute avec un peu de gruyère ou de parmesan râpé.

4 portions.

V oici une soupe vite faite et facile à préparer qui est toujours appréciée par les hôtes de notre monastère. Elle peut être servie à n'importe quelle période de l'année. Pour la servir froide, la réfrigérer pendant au moins deux heures avant le service et, au lieu d'utiliser du fromage râpé, garnir chaque portion avec 1 c. à café (1 c. à thé) de crème sure (crème aigre).

Soupe aux fanes de radis

8 cL (⅓ tasse) d'huile d'olive

2 poireaux ou oignons, hachés

1 bouquet de fanes (feuilles et tiges) fraîches de radis (ou de moutarde ou de navet)

4 pommes de terre, pelées et coupées en dés

1,25 L (5 tasses) d'eau

Sel et poivre, au goût

2 g (¼ c. à thé) de noix muscade moulue

12 cL (½ tasse) de lait

Croûtons comme garniture

Verser l'huile d'olive dans une marmite, ajouter les poireaux ou les oignons et les faire revenir à feu moyen-doux pendant 3 minutes. Ajouter immédiatement les fanes de radis, de moutarde ou de navet, bien lavées et hachées. Remuer, couvrir la marmite et laisser revenir les légumes pendant 3 minutes de plus.

Ajouter les pommes de terre, l'eau, le sel, le poivre ainsi que la noix muscade et bien remuer. Couvrir la marmite et laisser mijoter pendant 45 minutes. Laisser refroidir.

Filtrer la soupe à travers une passoire ou l'homogénéiser au mélangeur électrique et la remettre dans une marmite propre. Ajouter le lait et bien mélanger. Réchauffer la soupe avant de la servir chaude, accompagnée de croûtons, ou la réfrigérer pendant quelques heures avant de la servir froide.

4 portions.

Soupe au persil

4 tomates moyennes

7 cL (5 c. à soupe) d'huile d'olive

1 poireau, haché finement

1 oignon haché

4 gousses d'ail, hachées

0,25 L (1 tasse) de vin blanc sec

1,12 L (4 ½ tasses) d'eau

Sel et poivre, au goût

1 gros bouquet de persil (de préférence persil plat, haché finement)

Laver les tomates et les faire bouillir pendant quelques minutes avant de les peler. Les couper en tranches dans le sens de la longueur et en jeter les petites graines.

Verser l'huile d'olive dans une marmite. Ajouter les poireaux et l'oignon, puis les faire revenir pendant quelques minutes, jusqu'à ce qu'ils commencent à dorer. Ajouter les tomates, l'ail, le vin, l'eau, le sel et le poivre. Laisser bouillir à feu moyen-doux pendant 20 minutes. Ajouter le persil et laisser cuire pendant 10 minutes de plus. Homogénéiser la soupe au mélangeur électrique et la servir chaude, ou la réfrigérer pendant quelques heures et la servir froide.

4 portions.

On utilise le plus souvent le persil haché ou en feuilles pour garnir les plats, mais le persil est délicieux si on l'utilise en grande quantité comme assaisonnement. Comme la menthe, c'est l'une des herbes aromatiques les plus faciles à cultiver. On trouve habituellement deux sortes de persil, le persil frisé et celui à feuilles plates, que l'on qualifie parfois de persil italien. Mâcher du persil cru a l'avantage de rafraîchir l'haleine.

C. CLAIBORNE, *An Herb and Spice Cook Book*

Gaspacho

4 grosses tomates, pelées, évidées et hachées grossièrement

2 concombres, pelés, évidés et hachés grossièrement

1 gros poivron vert

2 oignons rouges, hachés grossièrement

2 L (8 tasses) d'eau

4 gousses d'ail, hachées

20 g (⅓ tasse) de persil, haché finement

2 tranches de pain rassis, émiettées

12 cL (½ tasse) d'huile d'olive

2 c. à soupe de feuilles de céleri, hachées finement

Sel et poivre fraîchement moulu, au goût

0,25 L (1 tasse) de xérès sec

2 c. à soupe de vinaigre de vin rouge

Préparer les tomates et les déposer dans une assiette. Préparer les concombres, les saupoudrer de sel et les déposer dans une autre assiette. Couper le poivron et un des oignons en dés et les déposer séparément sur deux assiettes.

Porter l'eau à ébullition dans une grande marmite, ajouter la moitié des dés de tomate, l'autre oignon, les gousses d'ail, le persil, le pain, l'huile d'olive, les feuilles de céleri, le sel et le poivre. Laisser bouillir à feu moyen pendant 30 minutes. Laisser refroidir, ajouter le xérès et le vinaigre, puis homogénéiser au mélangeur électrique. Réfrigérer pendant quatre heures.

Au moment de servir la soupe, faire circuler à table les assiettes contenant les dés de tomate, de poivron, de concombre et d'oignons pour que chacun puisse se servir à son goût.

6 portions.

Bortsch du jardin

3 cL (2 c. à soupe) d'huile végétale
2 branches de céleri, en tranches fines
2 carottes, coupées en dés
1 oignon haché fin
3 dL (10 ½ oz) de jus de légumes en conserve
1,35 L (5 ½ tasses) d'eau
675 g (1 ½ lb) de betteraves, pelées et hachées
    grossièrement
170 g (6 oz) de concentré (pâte) de tomate en
    conserve
45 g (3 c. à soupe) de sucre cristallisé
2 tomates, pelées et hachées
6 cL (¼ tasse) de vinaigre de cidre
8 g (2 c. à thé) de sel
Crème sure (crème aigre) comme garniture

Verser l'huile dans une grande marmite. Ajouter le céleri, les carottes et l'oignon, puis les cuire à feu moyen en remuant souvent, jusqu'à ce que les légumes soient tendres. Ajouter le jus de légumes, l'eau et les ingrédients qui restent, sauf la crème sure (crème aigre). Porter la soupe à ébullition, puis diminuer à feu doux.

Couvrir et laisser mijoter en remuant souvent pendant 50 minutes ou jusqu'à ce que les légumes soient tendres. Réfrigérer et servir froid.

Juste avant de servir, garnir le centre de chaque portion de soupe avec une larme de crème sure (crème aigre).

6 à 8 portions.

Le bortsch est une soupe qui nous vient des paysans russes et il en existe des centaines de variantes. Cette variante est parfaitement adaptée à l'été et on devrait refroidir la soupe pendant plusieurs heures avant le service. Le bortsch classique est une soupe épaisse et nourrissante dans laquelle les légumes, et surtout les betteraves, tiennent une place importante. En été, j'emploie des betteraves fraîchement cueillies dans notre jardin pour obtenir une saveur toute particulière.

Consommé belle fermière
(soupe de légumes)

3 L (12 tasses) d'eau (ou plus, si nécessaire)
1 petit chou vert
1 gros oignon
2 carottes
10 haricots verts
4 cubes de bouillon
12 cL (½ tasse) d'huile d'olive
1 feuille de laurier
Sel et poivre, au goût

Verser l'eau dans une marmite et la porter à ébullition. Ajouter les légumes coupés en petits morceaux, les cubes de bouillon, l'huile, le laurier, le sel et le poivre au goût.

Après une heure et quart de cuisson lente, éteindre le feu, couvrir et laisser le consommé reposer pendant 15 à 20 minutes. Égoutter les légumes, remettre le consommé dans la marmite et porter à ébullition. Servir chaud ou réfrigérer pendant plusieurs heures et servir froid.

4 à 6 portions.

Potage Crécy
(soupe aux carottes)

10 carottes
1 pomme de terre
1 oignon
2 L (8 tasses) de bouillon de légumes (ou
   1 cube de bouillon dans l'eau)
1 c. à soupe de concentré (pâte) de tomate
10 g (1 c. à soupe) de beurre
5 g (1 c. à thé) de sucre cristallisé
Sel et poivre, au goût
2 c. à soupe de crème à 35 %
   (facultatif)
1 c. à soupe de persil ciselé

Couper les carottes, la pomme de terre et l'oignon en tranches. Les déposer dans une marmite, ajouter le bouillon (ou l'eau et le cube de bouillon), la pâte de tomate, le beurre et le sucre. Bien remuer, couvrir et laisser cuire à feu doux pendant une heure.

Lorsque la soupe est cuite, la filtrer avec une passoire en pressant sur les légumes avec une cuillère pour les faire passer à travers. (Ou alors, l'homogénéiser au mélangeur électrique.)

Réchauffer la soupe. Ajouter le sel, le poivre et la crème, et bien remuer. Servir la soupe immédiatement en la garnissant avec le persil haché.

6 portions.

En France, les carottes cultivées aux environs de Crécy ont la réputation d'être les meilleures et les plus savoureuses – d'où le nom de cette soupe. De la France, cette recette a traversé la Manche et elle est entrée dans le folklore national de l'Angleterre. Selon une vieille tradition qui remonte au XIVe siècle, les Britanniques fidèles à leur souverain devaient manger de la soupe aux carottes ou «potage Crécy» le jour anniversaire de la bataille de Crécy (26 août 1346), la célèbre victoire de l'Angleterre sur la France pendant la guerre de Cent Ans.

Soupe froide
aux courgettes

6 courgettes moyennes
1 poireau
5 g (1 c. à thé) de sel
1,25 L (5 tasses) d'eau
3 c. à soupe de jus de citron
110 g (½ tasse) de pesto (voir recette
    de pistou, p. 176) ou de pesto que l'on
    trouve dans le commerce
250 g (8 oz) de yogourt nature
Feuilles de basilic et yogourt supplémentaire
    comme garniture

Couper les courgettes en tranches fines et le poireau en julienne. Les déposer dans une marmite, ajouter le sel et l'eau, puis porter le tout à ébullition.

Laisser bouillir les légumes pendant 10 minutes, puis les laisser mijoter pendant 1 minute de plus. Laisser refroidir, puis ajouter le jus de citron, le pesto et le yogourt.

Homogénéiser la soupe au mélangeur électrique et la réfrigérer jusqu'au moment de servir. La servir froide en garnissant le centre de chaque portion avec 1 c. à café (1 c. à thé) de yogourt et en parsemant de basilic ciselé tout autour.

4 à 6 portions.

J'ai servi cette soupe en entrée plusieurs fois pendant l'été quand les premières courgettes poussent et que le jardin semble produire une abondance de basilic de plusieurs variétés. Elle reçoit toujours un accueil triomphal. Pour cette recette, je préfère utiliser la variété de basilic à saveur citronnée, ce qui améliore encore la saveur de la soupe.

Soupe épicée aux carottes et à l'orange

9 cL (6 c. à soupe) d'huile d'olive

2 blancs de poireaux, hachés fin

12 carottes, pelées et hachées

1,5 L (6 tasses) de bouillon de légumes
ou de poulet

1 g (½ c. à thé) de noix muscade moulue

1 g (½ c. à thé) de paprika

Pointe de poivre de Cayenne

Pincée de gingembre moulu

40 g (½ tasse) de coriandre fraîche,
hachée finement

Le zeste d'une orange

37 cL (1 ½ tasse) de jus d'orange

Sel et poivre, au goût

6 fines tranches d'orange comme garniture

Verser l'huile dans une marmite de grande taille, couvrir et faire doucement revenir les poireaux pendant 2 minutes. Ajouter les carottes, bien remuer, couvrir et cuire pendant 4 à 5 minutes à feu doux.

Ôter le couvercle, remuer une fois de plus et ajouter le bouillon, la noix muscade, le paprika, le poivre de Cayenne, le gingembre, la coriandre, le zeste et le jus d'orange, ainsi que le sel et le poivre au goût. Porter la soupe à ébullition, couvrir et laisser mijoter pendant 30 à 40 minutes.

Laisser cuire la soupe et la filtrer à travers une passoire ou l'homogénéiser au mélangeur électrique ou au robot de cuisine. Cette soupe peut être réfrigérée pendant quelques heures et servie froide, ou elle peut être réchauffée juste avant le service et servie chaude, en la laissant reposer pendant 3 minutes. Garnir le centre de chaque portion avec de fines tranches d'orange.

6 portions.

Soupe au riz sauvage

1 L (4 tasses) de bouillon de légumes
  ou de poulet

0,25 L (1 tasse) de xérès sec

12 cL (½ tasse) d'eau

3 échalotes, hachées finement

50 g (½ tasse) de champignons, émincés

175 g (1 tasse) de riz sauvage

Sel et poivre blanc, au goût

12 cL (½ tasse) de crème à 15 %

30 g (½ tasse) de cerfeuil ou de persil, haché

2 c. à café (2 c. à thé) de thym frais, haché

1 c. à café de moutarde (1 pincée de moutarde
  sèche)

Verser le bouillon, le xérès et l'eau dans une marmite et porter à légère ébullition. Ajouter les échalotes, les champignons, le riz sauvage, le sel et le poivre blanc. Baisser à feu moyen, couvrir et laisser cuire doucement pendant 35 à 40 minutes.

Vérifier si le riz est bien cuit et, s'il ne l'est pas, le laisser cuire pendant 5 minutes de plus. Rectifier l'assaisonnement et rajouter du bouillon si nécessaire.

Ajouter la crème, le cerfeuil ou le persil, le thym et la moutarde. Bien remuer, couvrir la marmite et laisser mijoter pendant 10 minutes de plus. Servir immédiatement la soupe ou la réfrigérer pendant deux heures et la servir froide.

4 portions.

La préparation d'une bonne soupe est presque un art et certains cuisiniers, par ailleurs avisés, ne possèdent pas le tour de main nécessaire pour les réussir avec succès. Ils en compliquent trop la recette ou ils ne lui attachent pas assez d'importance et réservent leur talent pour le repas lui-même, or, il arrive souvent que la soupe ne corresponde pas à la qualité du reste des plats; néanmoins, la qualité de la soupe devrait annoncer celle de tout le repas.

MME SEIGNOBOS, *How to Train a Cook*

Septembre

Il n'est aucun besoin de se lamenter sur l'année déclinante.
L'automne est une saison glorieuse en elle-même,
et aussi agréable que l'été à passer au jardin.
Le temps doit rester doux pour que ce soit possible,
mais c'est aussi vrai pour les autres mois et saisons…
Un coup de vent en septembre peut rendre triste,
vestiges de beaux jours dans son sillage,
mais si le temps s'améliore, le jardin garde encore
assez de force en lui pour pouvoir repartir.

CHRISTOPHER LLOYD

Soupe crémeuse au céleri

1 gousse d'ail
6 branches prises sur le cœur d'un céleri
2 poireaux ou oignons
2 pommes de terre
1,75 L (7 tasses) d'eau
0,25 L (1 tasse) de sauce blanche
   (voir recette p. 221)
Sel et poivre, au goût
Aneth ciselé ou feuilles de céleri, hachées
   comme garniture

Laver et peler l'ail et les légumes, puis les couper en petits morceaux. Verser l'eau dans une grande marmite, ajouter les légumes, couvrir et cuire à feu moyen pendant 45 à 60 minutes, en rajoutant de l'eau si nécessaire.

Préparer 0,25 L (1 tasse) de sauce blanche (voir recette p. 221) dans une casserole de taille moyenne.

Après cuisson des légumes, homogénéiser la soupe au mélangeur électrique et la remettre dans la marmite. Ajouter la sauce blanche, saler, poivrer au goût et bien remuer. Servir la soupe chaude en garnissant avec l'aneth ou des feuilles de céleri, hachées finement. Pour servir la soupe froide, la réfrigérer pendant quelques heures.

4 portions.

Cette soupe crémeuse est facile à préparer et elle peut être servie chaude ou froide, selon la saison. La garniture d'aneth frais lui ajoute saveur et distinction.

Vichyssoise du monastère

45 g (4 c. à soupe) de beurre, de margarine
 ou 6 cL (4 c. à soupe) d'huile végétale,
 au choix
4 poireaux, en tranches fines
4 pommes de terre, coupées en dés
0,75 L (3 tasses) de bouillon de légumes (ou
 3 cubes de bouillon dans l'eau)
1 bouquet garni (1 feuille de laurier, 1 brin de
 thym et 1 brin de persil liés ensemble pour
 la cuisson et retirés avant de servir)
0,5 L (2 tasses) de lait
Sel et poivre fraîchement moulu, au goût
0,25 L (1 tasse) de crème à 35 % ou de crème
 légère, à 15 %
Persil ou feuilles de menthe fraîche comme
 garniture (facultatif)

Faire fondre le beurre ou la margarine ou verser l'huile dans une grande marmite. Ajouter les poireaux et les faire revenir à feu doux pendant 5 à 6 minutes ou jusqu'à ce qu'ils soient tendres. Ajouter les pommes de terre, le bouillon (ou l'eau et les cubes de bouillon), le bouquet garni, le lait, le sel et le poivre (en rajoutant de l'eau si nécessaire).

Augmenter à feu moyen, couvrir et laisser cuire lentement pendant 25 à 30 minutes, puis laisser mijoter pendant 10 minutes de plus. Ôter le bouquet garni et homogénéiser la soupe au mélangeur électrique jusqu'à ce qu'elle soit épaisse et crémeuse. La réfrigérer pendant quelques heures. Juste avant de servir, lui ajouter la crème et bien remuer. Servir la soupe froide en garnissant chaque assiette avec du persil ou de la menthe fraîche, hachés finement.

4 à 6 portions.

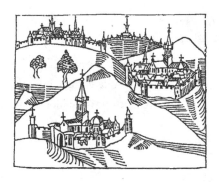

Potage du jardin
(soupe aux légumes)

1 oignon
1 courgette
1 carotte
1 branche de céleri
3 branches de bette à carde ou 3 feuilles de
   chou
2 L (8 tasses) de bouillon de légumes
   (ou 2 cubes de bouillon dans l'eau)
75 g (½ tasse) de petites pâtes alimentaires
Sel et poivre, au goût
50 g (6 c. à soupe) de gruyère râpé

Couper les légumes en julienne (petits bâtonnets).

Verser le bouillon (ou l'eau et les cubes de bouillon) dans une marmite. Ajouter les légumes, puis cuire à feu moyen pendant 40 minutes.

Ajouter les pâtes, le sel et le poivre, puis laisser cuire pendant 10 minutes de plus.

Servir la soupe chaude en parsemant chaque portion de gruyère râpé.

4 à 6 portions.

La fine cuisine désigne une nourriture qui satisfait aussi ceux qui la servent: une nourriture dans laquelle l'équilibre entre la texture et la saveur est parfait, une nourriture qui a l'air délicieuse et qui l'est. Et contrairement à ce qu'en pensent beaucoup de gens, une telle nourriture n'a aucun besoin d'être très élaborée.

ROSE ELLIOT, *The Festive Vegetarian*

Crème de haricots à la russe

225 g (½ lb) de haricots verts, frais
    ou surgelés
2 poireaux, en tranches
4 pommes de terre, pelées et tranchées
35 g (3 c. à soupe) de beurre ou de margarine
1,5 L (6 tasses) d'eau
0,5 L (2 tasses) de lait
Sel et poivre, au goût
Haricots verts, coupés et cuits séparément,
    comme garniture
Ciboulette ciselée finement (facultatif)

Laver et nettoyer les haricots en ôtant les tiges et les fils. (Utiliser des haricots surgelés en l'absence de haricots frais.) Préparer les poireaux et les pommes de terre.

Faire fondre le beurre ou la margarine dans une grande marmite et y faire revenir les légumes pendant 1 minute en remuant souvent. Ajouter l'eau et porter à ébullition. Baisser à feu moyen-doux, couvrir et cuire lentement pendant 40 minutes.

Lorsque les légumes sont cuits et tendres, passer la soupe à travers une passoire en écrasant les légumes ou l'homogénéiser au mélangeur électrique. La remettre dans la marmite et ajouter le lait et les assaisonnements. Bien remuer et porter de nouveau à légère ébullition. Éteindre le feu et laisser reposer pendant 10 minutes. Servir chaud en garnissant avec les haricots cuits séparément. Parsemer la soupe de ciboulette coupée ou hachée finement.

6 portions.

Bouillon de tomate

9 cL (6 c. à soupe) d'huile végétale au choix
6 tomates pelées
1 oignon haché
1 feuille de laurier
2 grains de poivre
1 branche de céleri, en tranches fines
20 g (2 c. à soupe) de beurre
20 g (2 c. à soupe) de farine tout usage
2 L (8 tasses) d'eau
Sel et poivre, au goût
Crème à 35 % (facultatif)

Verser l'huile dans une marmite. Ajouter les tomates, l'oignon, le laurier, le poivre et le céleri, puis cuire lentement pendant 15 à 20 minutes à feu doux, jusqu'à ce que les légumes soient tendres. Ôter le laurier et écraser les légumes dans une passoire ou les homogénéiser au mélangeur électrique.

Faire fondre le beurre dans la marmite, ajouter la farine et bien remuer. Ajouter les légumes, l'eau, le sel et le poivre. Porter à ébullition en remuant de temps à autre, puis laisser mijoter pendant 10 minutes. Servir le bouillon chaud en ajoutant, si désiré, 1 c. à café (1 c. à thé) de crème à chaque portion.

4 portions.

Pour faire un bon bouillon, vous avez d'abord besoin de temps parce que l'ébullition à gros bouillons n'extrait pas les jus ni les saveurs des viandes et des légumes: la cuisson doit être lente et surveillée avec attention.

F. L. FLAGG, *A Paris Cook Book*

Crème de maïs

0,75 L (3 tasses) de lait
225 g (1 ½ tasse) de maïs en grains, cuit
1 gros oignon, haché
210 g (1 ½ tasse) de pommes de terre, cuites
1 filet (1 c. à thé) de jus de citron
1 goutte (⅛ c. à thé) de sauce tabasco (ou au goût)
0,25 L (1 tasse) de crème légère, à 15 %
1 pincée (¼ c. à thé) de marjolaine moulue
Sel et poivre, au goût

Verser le lait dans le mélangeur électrique. Ajouter le maïs, l'oignon, les pommes de terre, le jus de citron et le tabasco. Homogénéiser à grande vitesse pendant quelques secondes.

Verser le contenu du mélangeur dans une marmite et porter à ébullition en remuant constamment. Ajouter la crème et les assaisonnements, bien remuer et laisser mijoter pendant quelques minutes avant de servir.

4 portions.

Ne soufflez jamais sur votre soupe si elle est trop chaude, mais attendez qu'elle refroidisse.

Ne soulevez jamais votre assiette de soupe vers vos lèvres,
mais mangez-la à la cuillère.

C. B. HARTLEY, *The Gentleman's Book of Etiquette*

Soupe aux tomates à la florentine

12 cL (½ tasse) d'huile d'olive

1 gros oignon, en tranches fines

7 tomates moyennes, pelées et hachées

2 gousses d'ail, hachées

1 branche de céleri, en tranches fines

2 carottes, en tranches fines

12 g (2 c. à soupe) de basilic frais, haché

1 feuille de laurier

2 g (1 c. à thé) de thym, séché ou frais

1,5 L (6 tasses) de bouillon de poulet (ou
    2 cubes de bouillon dans l'eau)

1 bouquet d'épinards frais, hachés
    (ou 1 paquet d'épinards surgelés)

Sel et poivre, au goût

Parmesan ou romano, râpé

Faire chauffer l'huile dans une marmite, ajouter l'oignon et les tomates, puis les faire revenir doucement pendant 3 à 4 minutes. Ajouter l'ail, le céleri, les carottes, le basilic, le laurier et le thym. Bien remuer et faire revenir pendant 2 minutes de plus.

Ajouter le bouillon (ou l'eau et les cubes de bouillon), puis porter à ébullition. Couvrir la marmite et laisser mijoter la soupe de 50 minutes à une heure. Ôter le laurier.

Ajouter les épinards, le sel et le poivre, puis laisser cuire pendant 10 minutes de plus. Bien remuer, éteindre le feu, couvrir et laisser reposer la soupe pendant 5 minutes. Servir chaud en parsemant le dessus de chaque assiette de fromage râpé.

4 portions.

Soupe au fenouil, aux courgettes et aux tomates

8 cL (⅓ tasse) d'huile d'olive

1 gros oignon, haché

4 gousses d'ail, hachées

2 bulbes de fenouil, en tranches fines

2 courgettes moyennes, en dés

6 tomates pelées, évidées et hachées

8 feuilles de basilic frais, finement ciselées

1,5 L (6 tasses) de bouillon de poulet ou de légumes (ou d'eau)

0,25 L (1 tasse) de vin blanc

Sel et poivre, au goût

Basilic frais haché comme garniture

Verser l'huile d'olive dans une marmite et y faire revenir l'oignon jusqu'à ce qu'il soit tendre. Ajouter l'ail et le faire revenir à feu moyen pendant 1 minute de plus.

Ajouter le fenouil, les courgettes, les tomates et le basilic. Bien remuer, diminuer à feu moyen-doux et faire revenir pendant 2 à 3 minutes de plus, en veillant à ce que les légumes n'adhèrent pas au fond.

Verser le bouillon ou l'eau sur les légumes. Ajouter le vin et porter à ébullition. Bien remuer, couvrir la marmite et laisser cuire lentement pendant 30 minutes. Ajouter le sel et le poivre, remuer de nouveau et laisser mijoter pendant 10 minutes de plus. Servir la soupe chaude en garnissant chaque portion avec du basilic frais, haché finement.

6 portions.

Cette recette est typiquement latine et inspirée par la cuisine du nord de l'Italie où le fenouil, les courgettes et le basilic sont des ingrédients de base. Le fenouil donne à cette soupe une légère saveur anisée et les amateurs la trouvent absolument délicieuse. Vous pouvez la préparer tout au long de l'année, mais elle est meilleure pendant l'été lorsque vous pouvez en cueillir tous les ingrédients dans le jardin.

Soupe arc-en-ciel de Provence

1 oignon

2 gousses d'ail

1 poivron rouge

2 petites courgettes

20 haricots verts

100 g (4 oz) d'olives noires dénoyautées en conserve

2 filets d'anchois

8 feuilles de menthe fraîche

2 cL (1 c. à soupe et 1 c. à thé) d'huile d'olive

110 g (¼ lb) de bacon, coupé en petits morceaux

6 tomates, pelées et évidées

1 L (4 tasses) de bouillon de poulet

1 L (4 tasses) d'eau

Sel et poivre, au goût

Peler l'oignon et l'ail, puis les couper en tranches fines. Couper le poivron et les courgettes en petits dés. Couper les haricots en trois ou quatre tronçons. Couper les olives en tranches. Homogénéiser les anchois et la menthe au mélangeur électrique ou au robot de cuisine.

Verser l'huile d'olive dans une grande marmite. Ajouter le bacon, l'oignon et l'ail, puis cuire pendant 3 minutes à feu moyen. Ajouter les autres légumes, les olives et le mélange anchois-menthe. Diminuer à feu doux et laisser cuire pendant 8 à 10 minutes de plus en remuant de temps à autre.

Ajouter les tomates coupées en tranches, le bouillon de poulet, l'eau, le sel et le poivre. Couvrir la marmite, augmenter à feu moyen, laisser la soupe atteindre le point d'ébullition et cuire pendant 20 minutes. Éteindre le feu et laisser mijoter pendant 10 minutes de plus. Servir chaud.

4 à 6 portions.

Ce potage possède tout le charme et l'arôme que l'on associe volontiers aux plats de la Provence. Les couleurs variées des légumes, y compris le noir des olives, sont à l'origine du nom charmant de cette soupe. Cette variété lui apporte non seulement de la couleur, mais aussi de la saveur et de la texture. Il s'agit d'une recette intéressante à essayer et à savourer.

Potage d'okras à la créole

8 cL (⅓ tasse) d'huile d'olive

2 oignons hachés

2 gousses d'ail, hachées

1,5 L (6 tasses) de bouillon de poulet ou de fumet de poisson

0,5 L (2 tasses) de vin blanc sec

160 g (6 oz) de concentré (pâte) de tomate en conserve

30 haricots verts, en petits tronçons

8 okras (gombos), en tranches

1 carotte, en tranches fines

30 g (2 c. à soupe) de cassonade

30 g (½ tasse) de persil haché

Sel et poivre, au goût

Verser l'huile dans une grande marmite. Ajouter les oignons et l'ail, puis les faire revenir à feu doux pendant 2 minutes en remuant souvent et en veillant à ne pas laisser brunir l'ail.

Ajouter le bouillon, le vin et le concentré (pâte) de tomate. Bien remuer, augmenter à feu moyen et porter à ébullition.

Ajouter les haricots verts, les okras (gombos), la carotte, la cassonade, le persil, le sel et le poivre. Remuer et couvrir la marmite. Cuire pendant 30 minutes à feu moyen, puis baisser le feu et laisser mijoter la soupe pendant 10 minutes de plus. Servir chaud.

6 portions.

Cette soupe nous arrive de Louisiane en passant par la France, où elle a été transportée par quelque émigrant qui retournait dans son pays. La recette a donc fait l'objet de certaines modifications. Par exemple, l'okra (gombo), qui n'est pas cultivé en France, y était tout simplement omis. Dans cette recette, nous en avons réintroduit l'usage, tout comme celui du fumet de poisson qui remplace le bouillon de poulet. Une pincée de poivre de Cayenne rendra aussi cette soupe un peu plus piquante. L'addition de vin est une amélioration française.

Soupe au soja et au cari

6 cL (4 c. soupe) d'huile d'olive
1 oignon haché
2 carottes, pelées et coupées en dés
2 gousses d'ail, hachées
8 g (2 c. à thé) de cari en poudre
½ c. à café (½ c. à thé) de coriandre moulue
300 g (2 tasses) de soja
2,25 L (9 tasses) de bouillon de légumes
   ou de viande
Sel et poivre, au goût
Coriandre fraîche ciselée comme garniture

Verser l'huile dans une marmite, ajouter l'oignon et les carottes, puis les faire revenir pendant 2 à 3 minutes. Ajouter l'ail, le cari et la coriandre, et bien remuer.

Ajouter le soja et le bouillon, puis porter la soupe à ébullition. Baisser le feu, couvrir la marmite et laisser mijoter pendant 60 minutes ou jusqu'à ce que le soja soit cuit et tendre (mais il doit rester entier).

Ôter 0,25 L (1 tasse) de soja de la soupe et l'homogénéiser au mélangeur électrique ou au robot de cuisine avant de l'y remettre. Ajouter le sel et le poivre, et bien remuer. Servir la soupe chaude en garnissant chaque portion avec de la coriandre fraîche, ciselée.

4 à 6 portions.

Minestra toscana
(minestrone à la toscane)

12 cL (½ tasse) d'huile d'olive

1 gros oignon jaune, haché

1,5 L (6 tasses) de bouillon de légumes
ou de poulet

0,5 L (2 tasses) de vin blanc

1 bouquet garni (brins de thym et d'origan,
ainsi qu'une feuille de laurier liés ensemble)

Sel et poivre, au goût

2 carottes, en julienne

1 poivron rouge, en julienne

1 courgette, en dés

16 feuilles d'épinard, hachées finement

100 g (½ tasse) d'olives (noires ou vertes,
dénoyautées)

90 g (½ tasse) de riz italien à grains courts
(arborio)

Parmesan ou romano râpé comme garniture

Verser l'huile d'olive dans une grande marmite et y faire revenir l'oignon pendant 2 minutes à feu moyen.

Ajouter le bouillon, le vin, le bouquet garni, le sel et le poivre, puis porter la soupe à ébullition. Diminuer à feu moyen-doux.

Ajouter les carottes, le poivron, la courgette, les épinards et les olives. Couvrir la marmite et laisser cuire lentement pendant une heure. Ajouter le riz et rajouter du bouillon ou de l'eau, si nécessaire, puis laisser mijoter la soupe pendant 15 à 20 minutes de plus. Ôter le bouquet garni. Servir chaud et garnir chaque bol avec du fromage râpé.

6 portions.

P endant des siècles, l'huile d'olive vierge de Toscane a été considérée comme la meilleure – «fluide, légère et agréable au palais» en a dit un célèbre chef cuisinier. C'est précisément cette huile qui est à la base de presque toutes les soupes toscanes. Dans cette recette, on utilise aussi les olives pour apporter une saveur originale et pour améliorer l'harmonie de couleurs et de textures. Pour y parvenir avec bonheur, je vous recommande l'utilisation d'olives noires, dénoyautées et coupées en deux.

Soupe à la scarole

12 cL (½ tasse) d'huile d'olive

5 gousses d'ail, hachées

1 oignon, haché finement

675 g (1 ½ lb) de scarole, grossièrement hachée

2 L (8 tasses) de bouillon (ou 2 cubes
  de bouillon dans l'eau)

55 g (½ tasse) de vermicelles (ou d'autres
  petites pâtes)

Sel et poivre, au goût

Parmesan râpé comme garniture (facultatif)

Verser l'huile dans une marmite de grande taille, ajouter l'ail et l'oignon, puis les faire revenir à feu moyen pendant 3 à 4 minutes en remuant de temps à autre. Ajouter la scarole et remuer pendant 2 minutes de plus.

Ajouter le bouillon (ou l'eau et les cubes de bouillon), couvrir et cuire à feu moyen pendant 25 minutes. Ajouter les vermicelles, le sel et le poivre, puis laisser cuire pendant 10 minutes de plus en remuant de temps à autre.

Éteindre le feu, couvrir et laisser reposer la soupe pendant 10 minutes avant de servir. Si désiré, parsemer chaque bol d'un peu de fromage râpé.

6 portions.

Soupe aux haricots rouges et au riz

3 oignons hachés
3 carottes moyennes
2 branches de céleri
6 cL (4 c. à soupe) d'huile d'olive
2 L (8 tasses) d'eau
450 g (16 oz) de haricots rouges en conserve
175 g (1 tasse) de riz
1 feuille de laurier
Sel et poivre, au goût

Couper les oignons, les carottes et le céleri en tranches avant de les hacher. Les déposer dans une marmite et ajouter l'huile d'olive. Les faire revenir pendant 1 à 2 minutes en remuant constamment.

Ajouter l'eau, les haricots, le riz, le laurier, le sel et le poivre. Laisser mijoter pendant 15 minutes de plus et ôter le laurier.

Juste avant de servir, porter de nouveau la soupe à ébullition, remuer, rectifier l'assaisonnement et servir chaud.

4 à 6 portions.

Quand on fait mijoter un plat, on fait cuire les ingrédients longtemps pour en extraire les saveurs sans les laisser se réduire en particules qui troubleraient une soupe claire au point de ne plus pouvoir la clarifier par la suite à cause du gras et d'autres composantes qui ont été émulsifiés dans le bouillon.

Octobre

Soleils, ciels et nuages de juin,
et fleurs de juin toutes ensemble,
Ne pouvez rivaliser un instant
Avec le bleu brillant d'octobre.

HELEN HUNT JACKSON

Brodo alla romana
(bouillon à la romaine)

2 L (8 tasses) d'eau (ou plus, si nécessaire)
0,5 L (2 tasses) de vin blanc
2 cubes de bouillon
2 gros oignons, hachés
2 carottes, en tranches fines
3 branches de céleri, hachées finement
3 tomates, pelées et coupées en dés
Sel et poivre, au goût

Verser l'eau et le vin dans une marmite. Ajouter tous les ingrédients et faire bouillir pendant 30 minutes à feu moyen-doux.

Couvrir la marmite et laisser mijoter pendant au moins une heure et quart. Égoutter les légumes et servir le bouillon chaud.

4 portions.

Voici la version romaine du bouillon français et, dans son style italien caractéristique, il renferme en plus des tomates. Le «brodo» peut être épaissi et rendu plus nourrissant par l'ajout de pâtes alimentaires ou de riz. Arroser les portions d'un peu d'huile d'olive et les parsemer de quelques herbes aromatiques fraîchement hachées comme le basilic, le persil ou le thym.

Soupe aux épinards

1,75 L (7 tasses) d'eau
280 g (1 bouquet) d'épinards frais
180 g (1 ½ tasse) de champignons, en tranches
1 oignon, en tranches fines
1 cube de bouillon
0,25 L (1 tasse) de lait
20 g (2 c. à soupe) de farine tout usage
3 cL (2 c. à soupe) d'huile végétale au choix (ou 25 g (2 c. à soupe) de beurre ou de margarine)
1 œuf dur, haché
Sel et poivre, au goût

Porter l'eau à ébullition et y ajouter les épinards, les champignons et l'oignon. Ajouter le cube de bouillon et cuire à feu moyen pendant 30 minutes.

Saupoudrer le lait de farine et bien la délayer. Ajouter ce mélange à la soupe, puis ajouter l'huile, le beurre ou la margarine, l'œuf dur, le sel et le poivre. Cuire pendant 10 minutes de plus. Éteindre le feu, couvrir et laisser reposer la soupe pendant 5 minutes avant de servir.

4 portions.

Rudimentaires et monotones comme peuvent l'être certaines soupes, elles n'en sont pas moins délicieuses si elles sont préparées par une main amoureuse et avec des produits frais.

F. L. STAGG, *A Paris Cook Book*

Soupe aux pâtes et aux lentilles

12 cL (½ tasse) d'huile d'olive
1 gros oignon jaune, haché
80 g (⅔ tasse) de champignons hachés
4 gousses d'ail, hachées
2 L (8 tasses) d'eau
450 g (1 lb) de lentilles sèches
400 g (16 oz) de concentré (pâte) de tomate
1 feuille de laurier
1 g (¼ c. à thé) de gingembre moulu
Sel et poivre, au goût
110 g (1 tasse) de petites pâtes alimentaires
Parmesan ou romano râpé comme garniture
    (facultatif)

Verser l'huile d'olive dans une grande marmite. Ajouter l'oignon, les champignons et l'ail, puis les faire revenir à feu moyen-doux pendant 2 à 3 minutes en remuant constamment.

Ajouter l'eau, les lentilles et la pâte de tomate. Bien remuer et porter l'eau à ébullition à feu élevé, puis réduire à feu moyen. Ajouter le laurier, le gingembre, le sel et le poivre. Remuer, couvrir la marmite et laisser cuire la soupe pendant 40 minutes. Ôter le laurier.

Ajouter les pâtes, couvrir et laisser mijoter pendant 15 minutes ou jusqu'à ce que les pâtes soient cuites. Remuer de nouveau et servir immédiatement. Parsemer chaque portion d'un peu de fromage râpé.

6 à 8 portions.

Pour préparer de bonnes soupes, vous devez non seulement avoir des aptitudes et de la patience, mais vous devez aussi utiliser de bons ingrédients… La soupe doit être savoureuse et nutritive. S'il lui manque ces qualités, vous n'avez aucune excuse pour la servir. Il faut faire preuve de savoir-faire et d'attention en combinant les divers ingrédients pour s'assurer d'un résultat agréable et sain.

MARIA PARLOA, *Miss Parloa's Kitchen Companion*

Soupe autrichienne au fromage

6 cL (4 c. à soupe) d'huile végétale
2 branches de céleri, en tranches fines
2 poireaux, en tranches
2 grosses pommes de terre, coupées en dés
1,5 L (6 tasses) d'eau
225 g (8 oz) de fromage à la crème, coupé
    en cubes
250 g (8 oz) de yogourt nature
Sel et poivre, au goût

Verser l'huile dans une marmite, ajouter le céleri, les poireaux et les pommes de terre en remuant constamment pendant 2 minutes. Ajouter l'eau et porter à ébullition. Diminuer à feu moyen, couvrir la marmite et laisser cuire pendant 35 à 40 minutes.

Lorsque la soupe est cuite, baisser le feu et laisser mijoter pendant 10 minutes en remuant de temps à autre. Ajouter le fromage à la crème, le yogourt, le sel et le poivre. Remuer sans arrêt jusqu'à ce que ces ingrédients soient fondus et se mélangent uniformément à la soupe. Servir chaud.

4 à 6 portions.

Qui mange de la soupe de l'entrée au dessert vivra centenaire.

PROVERBE FRANÇAIS

Soupe de saint Séraphin

45 g (4 c. à soupe) de beurre ou de margarine
    ou 6 cL (4 c. à soupe) d'huile végétale,
    au choix
175 g (1 tasse) de riz
1,75 L (7 tasses) d'eau bouillante
1 grosse carotte, râpée
1 oignon, en tranches
1 poivron vert, en petits dés
10 g (2 c. à soupe) de persil haché
Sel et poivre, au goût
Pincée de safran

Faire fondre le beurre ou la margarine ou verser l'huile dans une grande marmite, puis ajouter le riz en remuant continuellement pendant 1 à 2 minutes.

Immédiatement après, ajouter l'eau bouillante, la carotte, l'oignon, le poivron et le persil.

Couvrir la marmite et laisser cuire à feu doux pendant 30 à 40 minutes, jusqu'à ce que le riz soit tendre. Ajouter le sel et le poivre, puis saupoudrer de safran pour obtenir encore plus de saveur. Couvrir, laisser reposer la soupe pendant 10 minutes et servir.

4 portions.

Saint Séraphin (1759-1833), un moine russe, a vécu la majeure partie de sa vie monastique en ermite, étudiant les manuscrits et les écritures des pères cloîtrés et s'adonnant continuellement à la prière. Il cultivait son jardin, cuisait ses légumes et son pain, et prenait soin des animaux sauvages. Sa vie était semblable à celle des Pères du désert dans l'Égypte du IVe siècle. Dans les dernières années de sa vie, il quitta la forêt et il devint un maître spirituel après en avoir été persuadé par une vision de la vierge Marie. De nombreux visiteurs et une communauté de religieuses ont trouvé en lui un père spirituel inspiré et compatissant.

Soupe savoyarde
(crème de pommes de terre)

1,25 L (5 tasses) de bouillon de poulet

4 grosses pommes de terre, pelées et tranchées

62 cL (2 ½ tasses) de lait

45 g (4 c. à soupe) de beurre

80 g (⅔ tasse) de gruyère (ou de parmesan), râpé

Sel et poivre, au goût

4 tranches de pain, grillées

Verser le bouillon dans une marmite et le porter à ébullition. Ajouter les pommes de terre, couvrir et cuire à feu moyen-doux pendant 30 minutes.

Homogénéiser la soupe au mélangeur électrique et la remettre dans la marmite. Ajouter le lait, le beurre, le fromage, puis le sel et le poivre au goût. Bien mélanger et laisser cuire jusqu'à ce que tout le fromage soit fondu.

Déposer une tranche de pain au centre de chaque assiette. Arroser de soupe et servir immédiatement.

4 portions.

Les enfants apprécient particulièrement cette soupe facile à préparer. Le temps normal de préparation est de 15 minutes, plus 35 minutes de cuisson. Elle est surtout appréciée sur la table pendant les journées froides de l'hiver.

Soupe osso buco

12 cL (½ tasse) d'huile d'olive

2 oignons hachés

2 carottes pelées et coupées en dés

1 cœur de céleri, en tranches fines

0,75 L (3 tasses) de vin blanc sec

Le zeste d'un citron, râpé

6 g (1 c. à soupe) de sauge séchée ou
    3 feuilles de sauge fraîche

5 g (2 c. à thé) de romarin séché

5 g (2 c. à thé) de thym séché

3 gousses d'ail

10 olives vertes, dénoyautées

2 L (8 tasses) de bouillon de légumes ou de
    fumet de poisson

175 g (1 tasse) de riz à grains courts (ou de riz
    brun)

2 c. à soupe de câpres

Sel et poivre, au goût

Persil plat, ciselé, comme garniture

Parmesan râpé, au goût

Faire chauffer l'huile d'olive dans une grande marmite et y faire revenir les oignons, les carottes et le céleri pendant 3 minutes en remuant souvent. Ajouter le vin, couvrir la marmite et laisser cuire pendant 10 minutes de plus.

Mélanger le zeste de citron, la sauge, le romarin, le thym, l'ail et les olives dans le mélangeur électrique, puis les homogénéiser. Ajouter ce mélange dans la marmite et bien remuer.

Ajouter le bouillon ou le fumet, le riz, les câpres, puis le sel et le poivre au goût. Remuer et couvrir la marmite. Cuire pendant 45 minutes à feu moyen-doux. Éteindre le feu et laisser la soupe reposer pendant 10 minutes avec son couvercle. Parsemer chaque portion de persil haché comme garniture. Servir chaud et faire circuler un bol de parmesan râpé à table.

6 à 8 portions.

Soupe de légumes à la mode du Sud

45 g (4 c. à soupe) de beurre ou de margarine
1 oignon, en tranches
2 L (8 tasses) d'eau
2 carottes, coupées en dés
60 g (½ tasse) de chou, haché fin
1 branche de céleri, en tranches
12 haricots verts, en tronçons
100 g (½ tasse) de pois secs
2 grosses pommes de terre, coupées en dés
2 tomates, pelées et coupées
Sel et poivre, au goût
5 g (1 c. à thé) de sucre cristallisé
Persil ciselé

Faire fondre le beurre ou la margarine dans une marmite. Ajouter l'oignon et le faire revenir pendant 2 minutes. Ajouter l'eau et tous les légumes, sauf les pommes de terre et les tomates. Couvrir et cuire à feu moyen pendant 30 minutes.

Ajouter les pommes de terre, les tomates, le sel, le poivre et le sucre, puis laisser cuire pendant 10 minutes de plus. Laisser mijoter pendant 15 minutes ou jusqu'à çe que tous les légumes soient tendres. Avant de servir la soupe, ajouter le persil haché et bien mélanger. Servir chaud.

4 à 6 portions.

La soupe est délicieuse.
La soupe est nourrissante.
La soupe peut allumer votre feu intérieur.
La soupe peut être chaude ou froide,
épaisse ou claire.
La soupe est saine,
légère et stimulante
– presque tout le monde en convient.

BERNARD CLAYTON FILS,
The Complete Book of Soups and Stews

Soupe aux betteraves

2 L (8 tasses) d'eau
4 betteraves, pelées et coupées en dés
2 oignons, en tranches fines
3 branches de céleri, en tranches fines
1 cube de bouillon
2 c. à soupe d'huile d'olive
10 g (2 c. à thé) de sucre cristallisé
Sel et poivre, au goût
Herbes aromatiques variées (aneth et tiges
    vertes des oignons)
Croûtons (facultatif; voir recette p. 222)

Verser l'eau dans une marmite et ajouter les légumes, le cube de bouillon, l'huile et le sucre. Commencer à cuire doucement.

Après 30 minutes, ajouter le sel et le poivre, puis laisser cuire lentement pendant 10 minutes de plus. Laisser reposer pendant 15 minutes. Homogénéiser au mélangeur électrique, puis remettre la soupe dans la marmite. La réchauffer pendant 5 minutes.

Juste avant de servir, ajouter les herbes aromatiques et répartir la soupe à la louche dans des assiettes individuelles. Garnir le centre de chaque assiette avec quelques croûtons.

6 à 8 portions.

Les betteraves ne sont pas des légumes simples à apprêter. Bien qu'un grand nombre de personnes les aiment, il y en a tout autant, sinon plus, qui ne les aiment pas. Très souvent, ces préférences n'ont rien à voir avec leur couleur ou leur saveur. Les betteraves ont vraiment bon goût, surtout lorsqu'elles sont combinées avec d'autres ingrédients comme les oignons.

Cette soupe est assez simple à préparer. Il est très important de couper les betteraves en tranches très fines, puis en petits morceaux.

Soupe au pistou
(soupe aux légumes avec sauce au pistou)

400 g (2 tasses) de haricots blancs
    ou de flageolets
2,5 L (10 tasses) d'eau
2 poireaux ou oignons, hachés
2 carottes, pelées et en tranches
3 pommes de terre, pelées et coupées en dés
2 courgettes, coupées en dés
12 haricots verts, en petits tronçons
3 tomates, pelées et coupées en morceaux
1 branche de céleri, hachée
Bouquet de persil, ciselé
Sel et poivre, au goût

Sauce au pistou

7 gousses d'ail
10 feuilles de basilic
60 g (6 c. à soupe) de parmesan râpé
0,25 L (1 tasse) d'huile d'olive

Faire tremper les haricots ou les flageolets dans l'eau froide pendant la nuit. Les égoutter et les déposer dans une marmite avec au moins 2,5 L (10 tasses) d'eau. Ajouter tous les légumes et le persil, puis porter à ébullition. Couvrir la marmite et laisser mijoter pendant 50 à 60 minutes ou jusqu'à ce que les haricots soient tendres.

Ajouter le sel et le poivre. Bien remuer et laisser mijoter pendant 10 à 15 minutes de plus. Conserver au chaud et couvrir jusqu'au moment de servir.

Pendant que la soupe mijote, préparer le pistou de la manière suivante: réduire l'ail en purée dans un mortier, puis ajouter le basilic et continuer d'écraser au mortier jusqu'à ce que ces ingrédients soient bien mélangés. Ajouter le fromage râpé et bien mélanger jusqu'à l'obtention d'une pâte ferme et consistante. Déposer cette pâte dans un grand bol et ajouter l'huile d'olive par petites portions. Bien mélanger jusqu'à ce que la pâte devienne homogène. (Vous pouvez aussi préparer le pistou au mélangeur électrique ou au robot de cuisine.)

Servir la soupe chaude en faisant circuler le bol de pistou autour de la table et en laissant chacun se servir.

6 à 8 portions.

Si vous aimez la soupe plus épaisse, vous pouvez ajouter 12 cL (½ tasse) de vermicelles à cette recette.

Soupe aux poireaux et aux pommes de terre

45 g (4 c. à soupe) de beurre ou de margarine ou 6 cL (4 c. à soupe) d'huile végétale au choix

8 poireaux, coupés en petites tranches

2 L (8 tasses) d'eau

5 grosses pommes de terre, pelées et coupées en dés

Sel et poivre, au goût

Cerfeuil ou persil

Faire fondre le beurre ou la margarine ou verser l'huile dans une grande marmite et y ajouter les poireaux. Les faire revenir pendant 3 minutes, puis ajouter l'eau et les pommes de terre. Couvrir et laisser cuire à feu moyen pendant 50 à 60 minutes.

Ajouter le sel et le poivre, puis écraser les pommes de terre dans la marmite. Bien remuer pour les réduire en purée. En servant chaque portion, parsemer d'un peu de cerfeuil ou de persil haché. Servir la soupe chaude.

6 portions.

Il aimait bien l'ail, les oignons et les poireaux, et pour boire il aimait aussi le vin épais, rouge comme le sang.

GEOFFREY CHAUCER,
Les contes de Canterbury

Crème de lentilles à la française

6 cL (4 c. à soupe) d'huile d'olive

2 tranches de bacon, en morceaux

2 poireaux hachés

2 carottes, en tranches

300 g (1 ½ tasse) de lentilles sèches

2 L (8 tasses) d'eau

1 feuille de laurier

1 brin de thym

Persil haché

Sel et poivre, au goût

1 jaune d'œuf

12 cL (½ tasse) de lait

Huile d'olive

4 gousses d'ail, hachées

Croûtons, revenus dans l'ail et l'huile comme
    garniture (voir recette p. 222)

Verser l'huile dans une marmite, ajouter le bacon et le faire revenir pendant 2 minutes, jusqu'à ce qu'il soit croustillant. Ajouter les poireaux et les carottes, bien remuer et faire revenir le tout pendant 2 minutes de plus.

Ajouter les lentilles, l'eau, le laurier, le thym, le persil, puis le sel et le poivre. Porter à ébullition, couvrir la marmite et laisser mijoter à feu doux pendant une heure et demie. Pendant ce temps, déposer le jaune d'œuf dans un bol profond, ajouter le lait et bien mélanger au batteur électrique. Réserver le mélange.

Laisser refroidir. Ôter le laurier et le thym, puis filtrer la soupe à travers une passoire ou l'homogénéiser au mélangeur électrique ou au robot de cuisine. Transvaser dans une marmite propre et réchauffer. Lorsque la soupe est chaude, lui ajouter le mélange œuf-lait. Bien remuer et couvrir la marmite.

Verser un peu d'huile d'olive dans un petit poêlon et y faire revenir l'ail pendant 1 minute en remuant constamment. Laisser dorer en veillant à ce que l'ail ne brûle pas. Ajouter ce mélange à la soupe. Bien remuer. Servir chaud en garnissant chaque portion avec quelques croûtons.

4 à 6 portions.

Soupe au maïs

2 oignons
2 gousses d'ail
4 c. à soupe de saindoux ou d'huile végétale
1,25 L (5 tasses) de bouillon de légumes ou de
    poulet (ou 2 cubes de bouillon dans l'eau)
1 poivron rouge, en petits dés
1 poivron vert, en petits dés
3 c. à soupe de concentré (pâte) de tomate
225 g (8 oz) de maïs en grains, surgelé
Sel et poivre, au goût

Peler les oignons et l'ail, les couper en tranches et les hacher. Faire fondre le lard ou mettre l'huile dans une marmite de grande taille. Y faire revenir rapidement les oignons et l'ail, jusqu'à ce qu'ils commencent à dorer.

Ajouter immédiatement le bouillon (ou l'eau et les cubes de bouillon). Ajouter le poivron rouge, couvrir et porter à ébullition. Diminuer à feu moyen et cuire la soupe pendant 15 minutes.

Après 15 minutes de cuisson, ajouter le poivron vert, la pâte de tomate, le maïs, le sel et le poivre. Remuer plusieurs fois la soupe jusqu'à ce que tous les ingrédients soient bien mélangés et cuire pendant 15 minutes de plus. Servir chaud.

4 portions.

Novembre

Venez, vous gens heureux, venez
Chanter le chant de l'Action de grâces!
Tous sont rassemblés à l'intérieur,
Avant que les tempêtes d'hiver commencent;
Dieu, notre créateur, nous assure
Que nos souhaits seront exaucés;
Venez dans la maison de Dieu, venez,
Chanter le chant de l'Action de grâces!

HYMNE DE L'ACTION DE GRÂCES

Soupe à l'okra

1 oignon haché
330 g (1 ½ tasse) d'okras (gombos), coupés
    en morceaux
2 branches de céleri, hachées
2 L (8 tasses) d'eau
2 cubes de bouillon
15 g (¼ tasse) de riz
75 g (½ tasse) de maïs en grains
12 cL (½ tasse) de jus de tomate
Sel et poivre, au goût
Pincée de poivre de Cayenne

Déposer les légumes dans une marmite et ajouter l'eau. Porter à ébullition et ajouter les cubes de bouillon, le riz, le maïs, le jus de tomate et les assaisonnements. Bien remuer.

Couvrir la marmite et cuire lentement la soupe à feu moyen-doux pendant au moins une heure, en remuant de temps à autre. Laisser mijoter pendant 15 minutes, rectifier l'assaisonnement et servir chaud.

4 à 6 portions.

Préparer une soupe nutritive, saine, délectable et qui renferme un heureux mariage de saveurs est un art qui nécessite des études et de la pratique, mais il est surprenant de voir qu'avec si peu de moyens, on puisse produire un plat aussi délicat qu'appétissant.

THE BUCKEYE COOKBOOK

Potage au potiron
(soupe à la citrouille)

1,5 L (6 tasses) d'eau (ou plus, si nécessaire)
600 g (4 tasses) de potiron (ou de citrouille),
    pelé et coupé en cubes
2 pommes de terre, pelées et coupées en dés
2 carottes, coupées en tranches fines
2 oignons, coupés en tranches fines
2 gousses d'ail, hachées
Pincée d'estragon
Sel et poivre, au goût
1 L (4 tasses) de lait
8 cL (⅓ tasse) d'huile végétale
30 g (½ tasse) de persil, haché finement

Verser l'eau dans une grande marmite. Ajouter le potiron (ou la citrouille), les pommes de terre et les carottes, puis porter à ébullition. Ajouter les oignons, l'ail, l'estragon, le sel et le poivre, puis laisser bouillir pendant 20 minutes. Baisser le feu et laisser mijoter pendant 20 minutes de plus.

Homogénéiser au mélangeur électrique et remettre la soupe dans la marmite. Ajouter le lait et l'huile, bien remuer et amener de nouveau la soupe à ébullition à feu doux. Laisser mijoter pendant 10 minutes et servir immédiatement dans des bols à soupe réchauffés en garnissant chaque portion avec une pincée de persil haché.

6 à 8 portions.

Soupe au chou
à la portugaise

200 g (1 tasse) de haricots blancs

2,5 L (10 tasses) d'eau

2 gros oignons, hachés

450 g (1 lb) de chou vert frisé, haché

2 pommes de terre, pelées et coupées en dés

160 g (6 oz) de concentré (pâte) de tomate en
conserve

1 c. à café (1 c. à thé) de vinaigre

Rondelles de chorizo (facultatif, pour les
non-végétariens)

4 gousses d'ail, hachées

Sel et poivre, au goût

Laisser tremper les haricots pendant toute la nuit, puis les rincer ensuite à l'eau froide.

Verser l'eau dans une grande marmite et porter à ébullition. Ajouter les haricots, les oignons, le chou, les pommes de terre, la pâte de tomate, le vinaigre, le chorizo et l'ail. Laisser cuire doucement pendant deux heures à feu moyen-doux. Rajouter de l'eau si nécessaire et remuer de temps à autre pour que la soupe ne brûle pas et n'adhère pas au fond de la marmite.

Lorsque la soupe est cuite, saler, poivrer et bien remuer. Éteindre le feu, couvrir la marmite et laisser reposer pendant 10 minutes avant de servir chaud.

6 portions.

Cette soupe n'est pas seulement populaire au Portugal, c'est aussi le plat portugais le plus connu à travers le monde. Je trouve vraiment merveilleux qu'un légume aussi courant et même aussi ordinaire que le chou frisé ait autant d'importance dans cette soupe. Cette recette est, bien entendu, une version végétarienne de la soupe originale qui contient de la saucisse piquante comme du chorizo parmi ses ingrédients principaux. À mon avis, les deux versions de cette soupe sont tout aussi appétissantes.

Soupe aux haricots noirs

400 g (2 tasses) de haricots noirs
45 g (4 c. à soupe) de beurre
1 oignon haché
2 branches de céleri, hachées
2 L (8 tasses) d'eau
90 g (½ tasse) de riz
Le jus d'un citron
Sel et poivre, au goût
20 g (2 c. à soupe) de farine tout usage
2 œufs durs, en tranches

Laisser tremper les haricots toute la nuit. Les rincer à l'eau froide et les égoutter.

Déposer 35 g (3 c. à soupe) de beurre dans une marmite, ajouter l'oignon et le faire revenir pendant quelques minutes. Ajouter les haricots, le céleri et l'eau. Porter à ébullition, puis réduire à feu moyen-doux. Couvrir la marmite et laisser cuire lentement pendant une heure et demie en remuant de temps à autre.

Lorsque les haricots sont tendres, ajouter le riz, le jus de citron, le sel, le poivre et rajouter de l'eau si nécessaire. Couvrir la marmite et cuire lentement pendant 30 minutes de plus.

Faire fondre le beurre qui reste dans une autre casserole, ajouter la farine et bien mélanger. Ajouter cette pâte à la soupe et bien remuer. En servant la soupe, garnir les bols avec des tranches d'œufs durs.

4 à 6 portions.

Il existe plusieurs recettes de soupe aux haricots noirs. En voici une version assez douce. Pour une version plus épicée et piquante, ajoutez quelques piments chili, de l'ail, du cumin et de la coriandre fraîche. Si vous ne pouvez pas faire cuire les haricots à l'avance, remplacez-les par des haricots en conserve. Vous pouvez aussi garnir chaque portion avec une cuillerée de crème sure pour remplacer les tranches d'œuf dur.

Soupe aux pommes de terre et au fromage

35 g (3 c. à soupe) de beurre
2 poireaux, en tranches fines
4 grosses pommes de terre, pelées et coupées
   en dés
1,25 L (5 tasses) d'eau
0,5 L (2 tasses) de lait
60 g (½ tasse) de cheddar râpé
Sel et poivre blanc, au goût
Paprika

Faire fondre le beurre dans une marmite. Ajouter les poireaux et les faire revenir pendant 2 minutes à feu doux. Ajouter les pommes de terre et faire revenir pendant 1 minute de plus en remuant constamment.

Ajouter l'eau, couvrir et cuire à feu moyen pendant 30 minutes ou jusqu'à ce que les légumes soient tendres.

Ajouter le lait, le fromage, le sel, le poivre et le paprika, puis porter la soupe à ébullition. Éteindre le feu, couvrir la soupe et la laisser reposer pendant 10 minutes. Servir chaud.

4 à 6 portions.

Voici une succulente soupe hivernale, à la fois légère et consistante, heureux mariage entre la pomme de terre et le fromage. Pour la rendre un peu plus originale et savoureuse, ajouter 1 c. à café (1 c. à thé) de cognac par portion. Bien qu'elle soit particulièrement agréable pendant l'hiver, cette soupe convient aussi parfaitement au début du printemps et de l'automne.

Soupe aux haricots blancs

450 g (1 lb) de haricots blancs secs
3 L (12 tasses) d'eau
2 oignons
2 carottes
2 poireaux
1 branche de céleri
Quelques feuilles vertes du jardin (épinards,
    bettes à carde ou autres)
4 gousses d'ail
9 cL (6 c. à soupe) d'huile d'olive
2 cubes de bouillon
Sel et poivre, au goût
Brins de thym, hachés finement

Laisser tremper les haricots dans l'eau froide pendant au moins dix heures. Bien les rincer et les déposer dans une grande marmite avec l'eau.

Couper les oignons, les carottes, les poireaux, le céleri et les feuilles de verdure en petits morceaux. Bien hacher l'ail. Ajouter tous les légumes dans la soupe avec l'huile et les cubes de bouillon.

Couvrir et laisser cuire à feu moyen pendant une heure en remuant de temps à autre. Laisser la soupe reposer pendant 10 minutes avec son couvercle.

Ajouter le sel, le poivre et le thym. Réchauffer pendant 5 minutes et servir chaud.

6 portions.

Soupe au brocoli et aux haricots

1 gros oignon jaune, haché
12 cL (½ tasse) d'huile d'olive
6 gousses d'ail, hachées
2 pommes de terre, pelées et coupées en dés
4 tomates, pelées et coupées en morceaux
600 g (3 tasses) de haricots blancs, précuits
   (ou 800 g (30 oz) de haricots en conserve)
1,75 L (7 tasses) d'eau
1 brocoli haché finement
Sel et poivre, au goût
Persil frais, ciselé
Parmesan râpé (facultatif)

Faire revenir l'oignon dans l'huile pendant 1 à 2 minutes dans une grande marmite. Ajouter l'ail et remuer constamment pendant 1 minute. Ajouter les pommes de terre et les tomates, puis cuire pendant 5 minutes à feu moyen-doux en remuant souvent.

Ajouter les haricots cuits et l'eau, puis porter à ébullition. Ajouter le brocoli, couvrir et cuire à feu moyen pendant 30 minutes. Ajouter le sel et le poivre, puis laisser mijoter la soupe pendant 10 minutes. À la louche, répartir dans des bols et parsemer chaque portion d'un peu de persil haché finement. Vous pouvez aussi ajouter du parmesan râpé comme garniture.

4 à 6 portions.

Les haricots sont l'un des légumes les plus importants et les plus sains de notre alimentation quotidienne et l'un des ingrédients essentiels de nombreuses soupes à travers le monde. Combinés avec du riz, ils constituent aussi une riche source de protéines. Le seul problème que rencontrent les amateurs de haricots est la formation de gaz intestinaux désagréables. Cette difficulté peut être résolue en laissant tremper les haricots pendant plusieurs heures et en jetant l'eau de trempage. Faites-les ensuite cuire dans de l'eau fraîche. La recette ci-dessus nous vient de la campagne de l'Italie du Sud, où le brocoli est souvent utilisé dans divers plats. Ajoutez un cube de bouillon pour améliorer encore la saveur.

Zuppa alla pavese
(soupe au pain comme à Pavie)

15 g (1 c. à soupe et 1 c. à thé) de beurre
   ou de margarine
4 tranches de pain
1 L (4 tasses) d'eau
4 œufs
1,25 L (5 tasses) de bouillon de viande ou de
   bouillon au choix (ou 4 cubes de bouillon
   dans l'eau)
Poivre noir
Parmesan râpé

Faire fondre le beurre ou la margarine dans un poêlon et y faire revenir le pain des deux côtés à feu doux. Déposer ensuite une tranche dans chaque bol à soupe.

Porter 1 L (4 tasses) d'eau à ébullition dans une marmite, puis baisser le feu. Casser les œufs un par un en les déposant délicatement dans l'eau bouillante et les laisser cuire pendant 3 minutes. À l'écumoire, rassembler le blanc tout autour du jaune pour que l'œuf reste ferme et entier. Déposer chaque œuf sur une tranche de pain.

Faire chauffer le bouillon (ou l'eau et les cubes de bouillon) dans une marmite et porter à ébullition. À la louche, le répartir dans les bols en arrosant bien le pain et l'œuf. Saupoudrer de poivre et parsemer de fromage. Servir immédiatement.

4 portions.

Soupe au riz et au jambon

4 tranches de jambon cuit
2 tomates, pelées et coupées en morceaux
1 oignon, en tranches
45 g (4 c. à soupe) de beurre ou de margarine
175 g (1 tasse) de riz
1,5 L (6 tasses) d'eau
1 cube de bouillon
Pincée de safran
Sel et poivre, au goût
2 g (1 c. à thé) de thym frais (facultatif)
Fromage romano

Couper les tranches de jambon en petits dés, ainsi que les tomates et l'oignon.

Faire fondre le beurre ou la margarine dans une marmite. Ajouter le jambon, les tomates et l'oignon. Cuire à feu doux pendant 2 minutes au maximum. Ajouter le riz et bien remuer.

Ajouter l'eau et le cube de bouillon, le safran, le sel, le poivre et le thym (facultatif). Augmenter à feu moyen et laisser cuire doucement pendant 30 minutes. Couvrir la marmite et laisser mijoter la soupe pendant quelques minutes. Servir chaud en parsemant chaque portion d'un peu de fromage râpé.

4 portions.

Garbure béarnaise
(soupe campagnarde du Béarn)

450 g (1 lb) de petits haricots blancs

2 poireaux, en julienne

2 navets, en tranches

1 petite carotte, en tranches

1 petit chou, grossièrement haché

20 haricots verts

6 pommes de terre, pelées et entières

4 L (16 tasses) d'eau

Bouquet garni (1 feuille de laurier, 2 brins de thym et 4 brins de persil, liés ensemble et retirés avant de servir)

6 saucisses italiennes douces

2 gousses d'ail, hachées

115 g (¼ lb) de porc salé (graisse de bacon)

Sel et poivre, au goût

Laisser tremper les haricots blancs toute une nuit ou au minimum plusieurs heures. Les égoutter et les rincer. Laver et préparer les légumes. Verser l'eau dans une grande marmite et y ajouter tous les légumes, sauf les pommes de terre. Couvrir et laisser cuire lentement à feu moyen-doux pendant une heure et demie. Rajouter de l'eau si nécessaire.

Ajouter les pommes de terre, le bouquet garni, les saucisses, l'ail et la graisse de bacon, puis laisser cuire doucement pendant une heure et quart. À ce stade, goûter la soupe et ajouter le sel et le poivre. (Vous risquez de n'avoir besoin que de très peu de sel à cause du porc salé.) Ôter les pommes de terre, les saucisses et le porc, puis les réserver au chaud. Laisser mijoter pendant 15 minutes, ôter le bouquet garni et servir chaud en accompagnant de tranches de pain.

Après avoir servi la soupe, servir les pommes de terre et les saucisses dans une autre assiette (une par personne), accompagnées d'une salade verte et d'autres tranches de pain (en nappant, si désiré, les pommes de terre de vinaigrette).

4 à 6 portions.

La garbure ne devrait être mise sur la table que chaude et fumante, et accompagnée de nombreuses tranches de pain et de vin rouge.

Soupe aux lentilles et aux bettes à carde

6 cL (4 c. à soupe) d'huile d'olive

3 gousses d'ail, hachées

1 gros oignon, en tranches fines

1 grosse carotte, coupée en dés

100 g (½ tasse) de lentilles

1,5 L (6 tasses) d'eau

Environ 8 feuilles de bette à carde, hachées finement

2 cubes de bouillon de poulet (ou de légumes)

2 c. à soupe de vinaigre balsamique

Sel et poivre, au goût

Verser l'huile dans une marmite et y faire légèrement revenir l'ail, l'oignon et la carotte jusqu'à ce qu'ils soient dorés.

Ajouter les lentilles, l'eau, les feuilles de bette à carde et les cubes de bouillon. Couvrir la marmite et cuire à feu moyen pendant 30 minutes.

Ajouter le vinaigre, le sel et le poivre. Bien remuer et laisser mijoter la soupe pendant 10 minutes. Servir chaud.

4 portions.

Soupe à l'ail
du monastère

1 dL (7 c. à soupe) d'huile végétale au choix
16 grosses gousses d'ail, hachées
1,5 L (6 tasses) d'eau ou de bouillon
37 cL (1 ½ tasse) de vin blanc
Sel, au goût
Noix muscade, au goût
3 jaunes d'œufs, battus
6 tranches de pain de blé entier
3 blancs d'œufs, en neige ferme

Verser l'huile dans une marmite, ajouter l'ail et le faire revenir pendant quelques secondes en remuant constamment. Ajouter l'eau ou le bouillon, le vin, le sel et la noix muscade, puis porter à ébullition. Baisser à feu moyen-doux et laisser cuire pendant 30 minutes. Ajouter les jaunes d'œufs en remuant constamment. Couvrir la marmite et laisser mijoter pendant 15 minutes de plus.

Juste avant de servir, réchauffer jusqu'à l'ébullition. Déposer une tranche de pain dans 6 bols à soupe, y étaler les blancs en neige, puis arroser chacune de 2 ½ louches de soupe chaude. Servir immédiatement.

6 portions.

Cette recette est une version particulière d'une soupe très populaire dans les monastères et les couvents de l'Europe méditerranéenne (Italie, France, Espagne et Portugal). À cause de ses origines monastiques, cette recette a un caractère frugal, mais il est facile de l'enrichir en lui ajoutant un bouillon de légumes ou de poulet préparé à l'avance et 25 cL (1 tasse) de vin.

Potage à l'oseille

9 cL (6 c. à soupe) d'huile d'olive
4 blancs de poireaux hachés
1 gros oignon, finement haché
400 g (6 tasses) d'oseille, grossièrement hachée
4 pommes de terre, pelées et coupées en dés
1,5 L (6 tasses) d'eau (ou plus, si nécessaire)
2 cubes de bouillon
1 bouquet de persil, haché
Sel, poivre et noix muscade, au goût
9 cL (6 c. à soupe) de crème à 35 %

Verser l'huile d'olive dans une grande marmite en acier inoxydable et y faire revenir légèrement les poireaux et l'oignon. Ajouter l'oseille et les pommes de terre, puis remuer pendant quelques minutes, jusqu'à ce que les légumes soient bien mélangés.

Ajouter l'eau, les cubes de bouillon, le persil, le sel, le poivre et la noix muscade, puis laisser bouillir pendant 15 minutes. Couvrir la marmite et laisser mijoter pendant 20 à 25 minutes.

Homogénéiser la soupe au mélangeur électrique, puis la remettre dans la marmite. Ajouter la crème et remuer. Réchauffer et servir chaud.

4 à 6 portions.

À cause de sa couleur et de sa saveur délicate, l'oseille joue un rôle important dans la cuisine française. De plus, lorsqu'elle est utilisée correctement, elle se marie bien avec les autres ingrédients et ajoute une touche particulière à de nombreuses recettes. J'aime beaucoup l'oseille, non seulement à cause de sa saveur caractéristique, mais aussi à cause de son appétissante couleur vert sombre.

Décembre

Maintenant que Noël est arrivé
Laissez-nous battre le tambour,
Et rassembler tous nos voisins,
Et quand ils arrivent,
Faisons-leur un tel accueil
Qu'ils pourront éloigner le vent et le mauvais temps.

WASHINGTON IRVING

Aigo-Boulido
(bouillon aux herbes et à l'ail)

12 cL (½ tasse) d'huile d'olive

2 poireaux, en tranches

1 oignon, en tranches

6 gousses d'ail, hachées

2 tomates, évidées et réduites en purée

2 L (8 tasses) d'eau

4 pommes de terre moyennes, coupées en dés

1 bouquet garni (brins de thym et de sauge, et feuille de laurier liés ensemble à retirer avant de servir)

Un peu de zeste d'orange

Pincée de safran (facultatif)

Sel et poivre, au goût

4 œufs

4 tranches de pain

1 bouquet de persil

Fromage râpé (facultatif)

Verser l'huile dans une grande marmite et y faire revenir les poireaux, l'oignon et l'ail. Ajouter la purée de tomates et faire revenir pendant 2 minutes de plus. Ajouter l'eau, les pommes de terre, le bouquet garni, le zeste, le safran (facultatif), le sel et le poivre. Couvrir la marmite, laisser bouillir pendant 25 minutes, puis laisser mijoter pendant 25 minutes de plus. Pendant ce temps, pocher les œufs pendant 3 minutes dans un peu de bouillon. (Passer la soupe et jeter tous les légumes, le bouquet garni et le zeste.)

Préparer 4 bols à soupe et déposer une tranche de pain au fond de chacun. À la louche, répartir la soupe dans les bols et déposer l'œuf poché sur le pain. Parsemer chaque portion du persil haché finement et du fromage, puis servir chaud.

4 portions.

« L'aigo-boulido sauvo la vido» (l'eau bouillie sauve la vie) est un vieux dicton provençal qui fait référence à la délicieuse soupe paysanne la plus populaire de Provence. En fait, c'est un bouillon nutritif et curatif à base de légumes et d'herbes. Dans cette région, c'est le remède le plus courant pour les rhumes des enfants et des adultes. Il soulage aussi souvent les maux d'estomac.

Soupe de saint Nicolas

2 poireaux ou 2 oignons
4 carottes moyennes
3 navets
4 pommes de terre
½ chou pommé blanc, moyen
55 g (2 oz) de beurre ou de margarine
4 g (1 c. à thé) de sel ou au goût
4 L (16 tasses) d'eau
Croûtons (voir recette p. 222)
20 g (⅓ tasse) de cerfeuil frais, haché

Laver et peler les légumes, puis les couper en petits morceaux.

Faire fondre le beurre ou la margarine dans une grande marmite. Ajouter les légumes, saler et bien remuer. Éteindre le feu, couvrir la marmite et laisser reposer pendant 15 à 20 minutes. Ajouter l'eau et porter à ébullition. Réduire à feu moyen-doux, couvrir et laisser cuire doucement pendant 30 à 40 minutes en remuant de temps à autre.

Lorsque la soupe est cuite, l'homogénéiser au mélangeur électrique jusqu'à ce qu'elle soit lisse et crémeuse. Servir chaud en ajoutant quelques croûtons et un peu de cerfeuil dans chaque bol.

6 à 8 portions.

Zuppa toscana
(soupe au pain et aux tomates)

8 cL (⅓ tasse) d'huile d'olive

1 oignon, en tranches

4 gousses d'ail, hachées

8 g (1 c. à soupe) de romarin frais, haché

6 g (1 c. à soupe) de sauge fraîche, hachée

15 g (2 c. à soupe) de thym frais, émietté

16 tranches de pain rassis

8 tomates pelées (ou 800 g (32 oz) de tomates entières en conserve)

1 L (4 tasses) de bouillon de légumes ou de poulet

1 L (4 tasses) de vin blanc sec

Sel et poivre, au goût

Parmesan râpé

Faire chauffer l'huile dans une grande marmite. Ajouter l'oignon, l'ail et les herbes aromatiques, puis les faire revenir pendant 1 à 2 minutes sans laisser brunir l'ail.

Ajouter le pain et laisser cuire pendant 1 à 2 minutes en remuant constamment. Éteindre le feu.

Faire cuire les tomates pendant 4 à 5 minutes dans une autre marmite. Ajouter le bouillon, le vin, le sel et le poivre, puis porter à ébullition. Baisser à feu moyen-doux. Ajouter le mélange contenant le pain et laisser cuire pendant 12 à 15 minutes de plus. Baisser le feu et laisser mijoter pendant 15 minutes de plus.

Servir la soupe très chaude en la parsemant de parmesan à la dernière minute.

6 portions.

Cette délicieuse soupe paysanne nous vient de Toscane. Cette région de l'Italie évoque le souvenir de la Renaissance, des arts, de la musique, des vins fins et de la bonne chère. Cette recette est caractéristique de cette région où l'huile d'olive, le vin et les tomates, combinés aux herbes aromatiques et au pain de campagne, contribuent à créer une soupe appétissante et savoureuse. Elle est meilleure au moment des récoltes, lorsque les tomates fraîches abondent. Utilisez autant que possible des herbes aromatiques fraîches.

Soupe de sainte Lucie à la sicilienne

4 L (16 tasses) d'eau
0,25 L (1 tasse) d'huile d'olive
450 g (1 lb) de grains de blé entier séchés
450 g (1 lb) de pois chiches secs
8 gousses d'ail, hachées
2 gros oignons, en tranches
3 feuilles de laurier
Sel et poivre, au goût
Parmesan, au goût

Verser l'eau et l'huile dans une grande marmite. Ajouter les autres ingrédients, sauf le fromage, couvrir et laisser cuire pendant trois à quatre heures, en remuant de temps à autre.

Rectifier l'assaisonnement, ôter le laurier et servir la soupe chaude. Parsemer, si désiré, les bols à soupe de parmesan.

6 à 8 portions.

Cette soupe s'appelle ainsi en souvenir de sainte Lucie (vers 304), l'une des saintes patronnes de la Sicile. Elle naquit de parents nobles, près de Syracuse, et, lorsqu'elle refusa de se marier à un jeune païen, ce dernier la dénonça comme chrétienne. Condamnée à vivre dans une maison de débauche, elle a miraculeusement été atteinte de paralysie. Plusieurs tentatives furent faites pour la tuer, dont une par le feu, mais les flammes refusèrent de la brûler. Finalement, elle fut poignardée à mort. Sainte Lucie est très aimée des Siciliens qui donnent souvent son nom à leurs filles. Elle est aussi invoquée par ceux qui souffrent de troubles de la vision, car la légende veut que ses yeux arrachés lui furent miraculeusement rendus.

Soupe aux pois jaunes

6 cL (4 c. à soupe) d'huile d'olive ou d'huile
    végétale
2 oignons hachés
1 branche de céleri, en tranches fines
1 grosse carotte, en tranches fines
1 navet moyen, coupé en dés
2 L (8 tasses) d'eau
½ courge musquée, pelée et coupée en morceaux
300 g (1 ½ tasse) de pois cassés jaunes
1 brin de thym
1 feuille de laurier
Persil frais, ciselé
Sel et poivre, au goût

Verser l'huile dans une grande marmite.
Ajouter les oignons et les faire revenir à feu
moyen jusqu'à ce qu'ils soient tendres. Ajouter
immédiatement le céleri, la carotte et le navet.
Bien remuer les légumes et les faire revenir
pendant 1 minute de plus.

Ajouter l'eau, la courge, les pois, le thym, le
laurier et le persil. Couvrir la marmite et porter
à ébullition.

Cuiré à feu moyen pendant 45 à 60 minutes
ou jusqu'à ce que les pois soient complètement
en purée. Ajouter le sel et le poivre, bien
remuer et laisser mijoter la soupe pendant
10 minutes. Ôter le laurier et servir chaud.

6 portions

L'attrait de cette soupe réside dans sa saveur, sa couleur et sa texture. Lorsque
les pois sont bien cuits et en purée, ils la transforment en une préparation jaune
et épaisse. Les morceaux de légumes en améliorent encore la texture. Vous
pouvez aussi l'écraser dans un moulin à légumes ou au mélangeur électrique et la
servir en purée épaisse. La courge musquée ajoute une saveur douce et délicate
et en améliore encore la couleur jaune-orange. Pour obtenir un peu plus de
saveur, ajoutez 1 ou 2 cubes de bouillon. Si vous préparez cette soupe pour un
repas élégant ou une occasion spéciale, vous devriez la garnir d'un peu de persil
haché et la servir sous forme de purée crémeuse.

Caldo gallego
(soupe aux pois chiches et à la saucisse)

400 g (2 tasses) de pois chiches secs ou
    800 g (30 oz) de pois chiches en conserve
2 gros oignons, en tranches
9 cL (6 c. à soupe) d'huile d'olive
2 gousses d'ail, hachées
1 L (4 tasses) d'eau
1 L (4 tasses) de bouillon de poulet ou de
    viande
1 feuille de laurier
1 bouquet de persil frais, ciselé
1 navet, coupé en dés
1 grosse carotte, coupée en dés
2 pommes de terre, pelées et coupées en dés
1 cœur de céleri, en tranches fines
8 tranches de chorizo doux, coupées en deux
12 feuilles d'épinard frais, hachées
Sel et poivre, au goût

Faire tremper les pois chiches pendant toute la nuit dans de l'eau, les rincer et en jeter l'eau. Pour gagner du temps, utiliser des pois chiches en conserve qui sont déjà cuits et qui possèdent la même saveur.

Dans une grande marmite, faire revenir les oignons dans l'huile pendant 2 à 3 minutes ou jusqu'à ce qu'ils soient tendres. Ajouter l'ail et bien remuer.

Ajouter l'eau et le bouillon, puis porter à ébullition. Ajouter les pois chiches, le laurier, le persil, le navet, la carotte, les pommes de terre, le céleri et le chorizo. Couvrir et cuire à feu moyen pendant une heure et quart ou jusqu'à ce que les pois chiches soient tendres.

Ajouter les épinards, le sel et le poivre, puis laisser doucement mijoter la soupe pendant 15 à 20 minutes, en rajoutant de l'eau si nécessaire et en remuant de temps à autre. Ôter le laurier, éteindre le feu et servir chaud.

6 portions.

La Galice, d'où provient cette soupe, est mieux connue pour sa vieille ville de Saint-Jacques-de-Compostelle qui renferme une des merveilles du monde: sa célèbre cathédrale où, selon la tradition, repose l'apôtre Jacques le Majeur.

Soupe de l'ermite

1 pomme de terre
1 navet
½ petit chou
2 carottes
1 oignon
4,5 cL (3 c. à soupe) d'huile végétale au choix
60 g (⅓ tasse) de riz cru
2 L (8 tasses) d'eau
Sel et pincée de thym, au goût

Laver et trier les légumes. Les couper en quartiers, puis en petits morceaux.

Verser l'huile dans une marmite, ajouter les légumes et les faire revenir pendant quelques minutes. Ajouter le riz et l'eau, et bien remuer. Couvrir la marmite et cuire la soupe à feu doux pendant une heure. Ajouter le sel et le thym juste avant de servir. Bien remuer et servir chaud.

1 à 2 portions.

Parmi les caractéristiques de cette soupe, on remarque sa grande simplicité et son extrême frugalité, qui illustrent bien la vie d'un ermite. Cette vie qui, selon les paroles de saint Paul, est «cachée avec le Christ en Dieu». L'ermite utilise de simples racines comme le navet, la carotte et l'oignon. Il y ajoute des ingrédients bon marché comme le chou et le riz. Vous pouvez préparer cette soupe en quantités assez importantes pour qu'elle dure quelques jours.

Soupe à l'oignon toute simple

450 g (1 lb) d'os de bœuf pour le bouillon
3 L (12 tasses) d'eau
20 g (2 c. à soupe) de farine ou de fécule de maïs
12 cL (½ tasse) de lait
6 oignons, en grosses tranches
Sel et poivre, au goût
60 g (½ tasse) de gruyère, de parmesan ou de romano, râpé

Déposer les os dans une grande marmite. Ajouter l'eau et amener à vive ébullition. Baisser le feu, couvrir la marmite et laisser bouillir pendant trois heures. Laisser refroidir le bouillon et ôter les os.

Recueillir la graisse sur le dessus du bouillon et la déposer dans un autre récipient. Ajouter la farine ou la fécule, le lait et 12 cL (½ tasse) de bouillon. Bien délayer la farine ou la fécule et cuire le mélange pendant 2 minutes en remuant constamment.

Ajouter le mélange à la soupe ainsi que les oignons. Bien remuer, saler et poivrer, puis porter de nouveau à ébullition. Couvrir la marmite et laisser cuire pendant 30 minutes à feu moyen-doux. Éteindre le feu, ajouter le fromage râpé, bien remuer, couvrir et laisser reposer la soupe pendant 5 minutes. Servir chaud.

4 à 6 portions.

La véritable essence de cette soupe est son bouillon maison, riche et longuement mijoté. Il se marie merveilleusement aux oignons, sans donner à la soupe un trop fort goût de sel et de viande. Cette soupe est particulièrement agréable pendant les journées froides, car elle réchauffe à la fois le corps et l'âme.

Zuppa vesubio
(soupe aux légumes et au fromage)

1,75 L (7 tasses) de bouillon de légumes ou de viande

4 pommes de terre, pelées et coupées en dés

4 carottes, pelées et en tranches fines

8 cL (⅓ tasse) d'huile d'olive

2 oignons

2 poivrons rouges, coupés en dés

Sel et poivre, au goût

225 g (8 oz) de mozzarella, aussi fraîche que possible

Verser le bouillon dans une marmite et y ajouter les pommes de terre et les carottes. Cuire jusqu'à ce que les légumes soient tendres. Passer les légumes à travers une passoire ou les homogénéiser au mélangeur électrique.

Verser l'huile dans un autre récipient et y faire revenir les oignons pendant 3 à 4 minutes. Ajouter les poivrons et faire revenir pendant 1 ou 2 minutes de plus. Ajouter le mélange pommes de terre-carottes, le sel et le poivre, puis cuire à feu moyen-doux pendant 20 minutes.

Couper la mozzarella en tranches fines et l'ajouter à la soupe. À la louche, répartir la soupe dans 6 bols. Déposer les bols dans un four à 180 °C (350 °F) jusqu'à ce que le fromage soit bien fondu. Servir immédiatement.

5 à 6 portions.

Soupe de légumes au soja

9 cL (6 c. à soupe) d'huile d'olive
4 tomates mûres, pelées
4 gousses d'ail
4 brins de persil
2 poireaux hachés
8 feuilles d'oseille ou d'épinard
2,5 L (10 tasses) d'eau
2 pommes de terre, coupées en dés
1 carotte, en tranches
1 branche de céleri, en tranches
200 g (1 ½ tasse) de soja
10 haricots verts, en tronçons
1 os de jambon (facultatif) ou 2 cubes
   de bouillon
Sel et poivre, au goût

Verser l'huile dans une grande marmite. Homogénéiser les tomates, l'ail et le persil au mélangeur électrique ou au robot de cuisine. Verser le mélange dans la marmite et cuire lentement à feu moyen.

Ajouter les poireaux, les feuilles d'oseille ou d'épinard et 0,5 L (2 tasses) d'eau. Porter à ébullition et cuire pendant 10 minutes. Ajouter les pommes de terre, la carotte, le céleri, le soja, les haricots, l'os de jambon ou les cubes de bouillon et 2 L (8 tasses) d'eau (ou plus, si nécessaire).

Couvrir la marmite et cuire lentement pendant une heure et demie à feu moyen-doux. Éteindre le feu et ajouter le sel et le poivre. Laisser reposer la soupe pendant 15 minutes et servir chaud.

6 à 8 portions.

Le soja est très nutritif, mais il est un peu fade. Toutefois, quand on le mélange avec d'autres légumes, comme on le fait dans cette soupe, on obtient une saveur délicieuse très caractéristique, semblable à celle du minestrone. Pour en faire un repas complet, ajouter 175 g (1 tasse) de riz et, pour plus de saveur, ajouter aussi 0,25 L (1 tasse) de vin blanc sec.

Soupe au fromage anglais

45 g (4 c. à soupe) de beurre ou de margarine

2 poireaux, en julienne

2 branches de céleri, en julienne

2 carottes moyennes, en julienne

1 navet, en julienne

1 pomme de terre, coupée en dés

1 bouquet garni (persil, thym et feuille de laurier liés ensemble)

3 gousses d'ail, hachées

2 cubes de bouillon

1,5 L (6 tasses) d'eau

0,25 L (1 tasse) de lait partiellement écrémé, à 1 % ou à 2 %

Sel et poivre, au goût

250 g (2 tasses) de fromage gloucester râpé

Persil ciselé comme garniture

Fromage gloucester râpé comme garniture

Faire fondre le beurre ou la margarine dans une grande marmite et ajouter progressivement tous les légumes. Bien mélanger, couvrir et cuire à feu doux pendant 10 minutes.

Ajouter le bouquet garni et l'ail, remuer de nouveau et laisser cuire pendant 2 minutes de plus. Ajouter les cubes de bouillon, l'eau, le lait, le sel et le poivre. Bien remuer, couvrir la marmite et cuire pendant 45 minutes à feu moyen.

Éteindre le feu, jeter le bouquet garni et homogénéiser la soupe au mélangeur électrique ou au robot de cuisine.

Remettre la soupe dans la marmite. Réchauffer à feu doux ou moyen et ajouter le fromage râpé. Laisser mijoter pendant 10 minutes et servir chaud. Garnir avec du persil haché finement et un peu plus de fromage râpé.

6 portions.

Cette soupe savoureuse a vu le jour près de Gloucester, en Angleterre, une région où les vaches produisent une abondance de lait qui sert à fabriquer un fameux fromage qui porte ce nom. Si vous ne trouvez pas de gloucester, remplacez-le par un autre fromage anglais, bleu, de préférence.

Soupe à la bière

1,75 L (5 bouteilles) de bière
30 g (2 c. à soupe) de sucre cristallisé
4 jaunes d'œufs
9 cL (6 c. à soupe) de crème à 15 % ou à 35 %
1 g (½ c. à thé) de cannelle moulue
2 g (½ c. à thé) de sel
Poivre noir, au goût

Verser toute la bière dans une grande marmite. Ajouter le sucre et le délayer lentement à feu moyen-doux. Porter à ébullition et ôter du feu.

Battre les jaunes d'œufs dans un saladier profond et leur ajouter la crème par petites portions. Ajouter 6 cL (4 c. à soupe) de bière chaude au mélange et bien mélanger.

Verser le mélange œufs-crème-bière dans la marmite contenant la bière chaude. Ajouter la cannelle, le sel et le poivre. Réchauffer la soupe à feu doux en remuant constamment. Laisser cuire pendant quelques minutes sans laisser atteindre le point d'ébullition. Servir chaud.

4 à 6 portions.

Cuisiner est aussi de tous les arts celui qui a fait le plus avancer notre civilisation, parce que les besoins de la cuisine sont ceux qui nous ont d'abord appris à utiliser le feu et que, grâce au feu, l'homme a domestiqué la nature.

ANTHELME BRILLAT-SAVARIN

Soupe à la courge

2 grosses courges poivrées
1 gros oignon, haché
175 g (1 tasse) de riz
1 branche de céleri, hachée
1 L (4 tasses) d'eau
0,5 L (2 tasses) de lait
6 cL (4 c. à soupe) d'huile végétale
Pincée de sucre
Sel et poivre, au goût
Persil haché

Peler la courge et la couper en dés. Déposer les dés de courge dans une marmite et ajouter l'oignon, le riz, le céleri et l'eau. Couvrir et cuire à feu moyen jusqu'à ce que les légumes soient tendres.

Filtrer la soupe à travers une passoire ou l'homogénéiser au mélangeur électrique. La réchauffer et ajouter le lait, l'huile, le sucre, le sel et le poivre. Remuer et porter à ébullition, puis laisser mijoter pendant 2 à 3 minutes. Parsemer la soupe de persil au moment de servir. Servir chaud.

4 portions.

Voici une délicieuse soupe pour les temps froids. La courge musquée se conserve bien dans nos celliers pendant l'hiver et c'est un plaisir de l'utiliser de différentes façons dans la cuisine. La saveur et la texture de ce légume améliorent encore la qualité de cette soupe. Si elle est trop épaisse, la délayer avec un peu d'eau.

Soupe aux œufs

9 cL (6 c. à soupe) d'huile d'olive
2 gros oignons, hachés
1,5 L (6 tasses) de bouillon de légumes
0,5 L (2 tasses) de vin blanc sec
4 à 6 œufs, bien battus (1 par personne)
Sel et poivre, au goût
Pincée de poivre de Cayenne (facultatif)
30 g (½ tasse) de cerfeuil ciselé

Verser l'huile dans une marmite, ajouter les oignons et les cuire lentement pendant quelques minutes. Remuer et ne pas les laisser dorer.

Ajouter le bouillon de légumes et le vin. Couvrir la marmite et porter à ébullition, puis laisser mijoter pendant 10 à 15 minutes.

Battre les œufs et les ajouter à la soupe. Ajouter le sel, le poivre et le poivre de Cayenne. Réchauffer la soupe, remuer mais ne pas laisser bouillir. Servir immédiatement en garnissant chaque portion avec un peu de cerfeuil.

6 portions.

Voici une soupe vite faite et facile à préparer. Elle éveille une certaine nostalgie chez moi, car elle me rappelle des souvenirs de ma petite enfance lorsque nos parents et grands-parents nous en donnaient pour que nous guérissions plus vite. Cette soupe est tellement simple et naturelle qu'on doit lui ajouter divers condiments (oignon, poivre de Cayenne et cerfeuil) pour lui donner de la saveur.

Soupe aux champignons

6 pommes de terre moyennes
20 champignons, séchés, de préférence
4 gousses d'ail, hachées
4 brins de persil frais
50 g (4 c. à soupe) de beurre ou de margarine
Sel et poivre, au goût
1,5 L (6 tasses) d'eau bouillante
5 cL (3 c. à soupe et 1 c. à thé) de crème
   légère, à 15 %

Laver les pommes de terre, les peler et les couper en dés. Laver les champignons et les couper en tranches fines d'égale épaisseur. Peler l'ail, le hacher et hacher le persil.

Faire fondre le beurre ou la margarine dans une grande casserole. Ajouter les pommes de terre et les champignons, puis les faire cuire à feu moyen pendant 3 minutes en remuant souvent. Ajouter l'ail, le persil, saler, poivrer et bien mélanger.

Ajouter l'eau bouillante et laisser cuire la soupe pendant une heure. (Rajouter de l'eau si nécessaire.)

Juste avant de servir, ajouter la crème et bien mélanger. Servir chaud.

4 portions.

Voici une soupe délicieuse, facile à préparer et très économique. Si possible, utilisez des cèpes, comme on le fait en France. On peut trouver ce type de champignons séchés dans certains de nos marchés ou de nos épiceries fines. Si vous n'en trouvez pas, utilisez des champignons ordinaires. Vous pouvez aussi remplacer la crème légère, à 15 % par de la crème sure (crème aigre).

Potage aux deux légumes

3 carottes
1 cœur de céleri
1,25 L (5 tasses) de bouillon de poulet
Sel et poivre, au goût
Persil comme garniture

Laver les légumes et les couper en tranches fines.

Verser le bouillon dans une marmite et porter à ébullition.

Ajouter les légumes, le sel et le poivre, puis cuire à feu moyen pendant 15 à 20 minutes. Servir chaud en parsemant chaque assiette de persil frais, haché.

4 portions.

Voici une soupe facile à préparer lorsque vous êtes très pressé et que vous ne disposez pas d'assez de temps pour faire une recette compliquée. Cette soupe est particulièrement bonne pour les enfants. Je vous recommande même de couper les carottes et le céleri dans le sens de la longueur, à la manière des pommes de terre frites.

Annexe

Recettes de base pour les bouillons, les sauces et les croûtons

Bouillon de viande

4 L (16 tasses) d'eau (ou plus, si nécessaire)

900 g (2 lb) d'os de bœuf (épaule, côtes ou autres, ainsi que tout os et viande qui peuvent être utilisés)

2 poireaux, en tranches

2 oignons, en tranches

2 carottes, en tranches

1 branche de céleri, coupée en morceaux

2 pommes de terre, pelées et en tranches

4 gousses d'ail, hachées

2 feuilles de laurier

1 brin de thym (ou 2 g (1 c. à thé) de thym séché)

4 clous de girofle

8 grains de poivre noir

6 brins de persil

Sel, au goût

Verser l'eau dans une grande marmite et ajouter les os, la viande, les légumes et les assaisonnements. Porter à ébullition. Baisser le feu, couvrir la marmite et laisser mijoter le bouillon pendant trois à quatre heures, en remuant de temps à autre.

Après que tout a longuement mijoté, lorsque le bouillon est prêt, ôter les os et la viande. Passer le bouillon à travers une passoire fine qui retiendra tous les légumes et les assaisonnements, et qui laissera le bouillon clair.

Servir le bouillon chaud tel quel ou le réfrigérer et l'utiliser par la suite comme base pour d'autres soupes. Il peut aussi être conservé au congélateur pour un autre usage.

Donne environ 2,5 L (10 tasses).

Consommé de bœuf

1,5 L (6 tasses) de bouillon de viande
   (voir recette p. 217)
350 g (¾ lb) de bœuf haché maigre
1 carotte, en tranches
1 poireau, en tranches
1 bouquet de feuilles de céleri et de brins de
   persil, liés ensemble
1 blanc d'œuf, bien battu
Sel et poivre, au goût

Verser le bouillon dans une grande marmite. Ajouter la viande, les légumes, le bouquet de feuilles de céleri et de persil, puis le blanc d'œuf. Bien remuer tous les ingrédients dans le bouillon et porter à ébullition.

Baisser à feu moyen-doux, remuer encore un peu, ajouter le sel et le poivre, couvrir la marmite et laisser le consommé mijoter pendant une heure et demie.

Filtrer le consommé à travers une passoire très fine ou une mousseline et le servir très chaud. Ce consommé peut être servi au début d'un repas élégant et raffiné.

4 portions.

Bouillon de légumes

4,5 L (18 tasses) d'eau (ou plus, si nécessaire)
3 carottes, en tranches
2 navets, en tranches et en dés
2 courgettes, en tranches
2 poireaux, en tranches
1 oignon, grossièrement haché
2 branches de céleri, coupées en morceaux
1 petite laitue, grossièrement hachée (ou
   quelques feuilles de chou)
4 feuilles de laurier
Le zeste d'une orange, haché
Quelques brins de persil, liés ensemble
Grains de poivre noir, au goût
Sel, au goût

Verser l'eau dans une grande marmite et ajouter tous les ingrédients. Porter l'eau à ébullition et la laisser bouillir pendant 30 minutes en remuant de temps à autre.

Baisser à feu moyen-doux, remuer encore, couvrir la marmite et laisser le bouillon mijoter pendant deux heures. Filtrer le bouillon à travers une passoire fine, un tamis ou une mousseline. Laisser refroidir, puis conserver au réfrigérateur ou au congélateur pour un autre usage. Ce bouillon est un merveilleux remède contre les rhumes et les maux d'estomac.

Donne environ 3 L (12 tasses).

Bouillon de poulet

4,5 L (18 tasses) d'eau
900 g (2 lb) de morceaux de poulet
   (ou plus, si possible)
2 oignons, grossièrement hachés
2 poireaux, en tranches fines
2 carottes, en tranches
1 branche de céleri, coupée en morceaux
5 gousses d'ail, hachées
1 feuille de laurier
1 blanc d'œuf, battu
Bouquet de thym et brins de persil, liés ensemble
Grains de poivre noir, au goût
Sel, au goût

Verser l'eau dans une marmite de grande taille et y ajouter tous les ingrédients. Porter l'eau à ébullition, bien remuer et baisser à feu moyen-doux. Laisser mijoter pendant deux heures en rajoutant de l'eau, si nécessaire.

Lorsque le bouillon est cuit, éteindre le feu et laisser reposer pendant 45 minutes. Ôter le poulet et les légumes, puis passer le bouillon à travers une passoire très fine ou une mousseline. Lorsque le bouillon est froid, le répartir dans des contenants de plastique et le conserver au congélateur pour un usage ultérieur.

Donne environ 3 L (12 tasses).

Fumet de poisson

Suivre la recette du Bouillon de poulet (voir recette plus haut), mais remplacer les morceaux de poulet par des arêtes centrales de poisson, des queues, des nageoires ou autres parties de poisson, puis ajouter le jus d'un citron entier. Les meilleurs poissons à utiliser sont le vivaneau, la morue, l'églefin ou le bar. Comme le fumet de poisson est plus rapide à préparer que les autres bouillons, une cuisson lente d'une heure et demie est suffisante.

Donne environ 3 L (12 tasses).

Sauce blanche

20 g (2 c. à soupe) de fécule de maïs ou de
  farine tout usage
37 cL (1 ½ tasse) de lait
25 g (2 c. à soupe) de beurre ou de margarine
Sel et poivre noir moulu, au goût
Pincée de noix muscade moulue

Délayer la fécule ou la farine dans 12 cL (½ tasse) de lait. Faire fondre le beurre ou la margarine à feu moyen dans une marmite en acier inoxydable de taille moyenne. Lorsque ça commence à mousser, ajouter le mélange de lait et de fécule ou de farine, puis remuer constamment. Ajouter le reste du lait, le sel, le poivre et la noix muscade, puis continuer de remuer jusqu'à ce que la sauce atteigne le point d'ébullition. Baisser le feu et continuer à remuer jusqu'à ce que la sauce épaississe. La sauce est prête lorsqu'elle est lisse et épaisse. Cette sauce peut être utilisée comme base pour faire de nombreuses autres variantes ou avec les poissons, les viandes, les œufs, les légumes et les soupes.

Donne de 25 cL à 37 cL (1 tasse à
  1 ½ tasse).

Sauce béchamel

25 g (2 c. à soupe) de beurre ou de margarine
20 g (2 c. à soupe) de fécule de maïs ou de
  farine tout usage
0,5 L (2 tasses) de lait
1 c. à soupe de xérès sec (facultatif)
Sel et poivre, au goût
Pincée de noix muscade (facultatif)

Faire fondre le beurre ou la margarine à feu moyen-doux dans une grande marmite en acier inoxydable. Ajouter la fécule ou la farine et remuer constamment au fouet. Ajouter le lait par petites quantités en remuant constamment. Ajouter le xérès, le sel, le poivre et la noix muscade, puis continuer de remuer. Lorsque la sauce atteint le point d'ébullition, baisser le feu et laisser cuire lentement jusqu'à ce qu'elle épaississe. Cette sauce, délicieuse avec le poisson et les légumes, constitue une base indispensable pour les soufflés, les omelettes et d'autres plats où l'on trouve des œufs.

Donne environ 0,5 L (2 tasses).

CROÛTONS

9 cL (6 c. à soupe) d'huile d'olive
2 gousses d'ail, hachées
6 tranches de pain, coupées en dés
Pincée de thym séché
Pincée de persil séché

Verser l'huile dans une casserole, ajouter l'ail, le pain et les herbes aromatiques, puis les faire revenir pendant 3 à 5 minutes à feu doux en remuant constamment.

Ôter les croûtons et les conserver dans le four légèrement chaud jusqu'au moment de les utiliser. Les croûtons sont particulièrement utiles comme garniture dans les soupes crémeuses et épaisses.

6 portions.

La soupe que l'on a demandée est bonne, mais celle qui nous est donnée sans qu'on l'ait demandée est encore meilleure.

VIEUX PROVERBE

Index

Table des matières

Table de conversion

Lorsqu'elles font la cuisine, certaines personnes utilisent des litres (L), des décilitres (dL), des centilitres (cL), des millilitres (ml), des cuillères ou encore des tasses. Alors, pour vous y retrouver en un clin d'œil parmi ces différentes mesures, nous vous proposons ce petit tableau.

1 c. à café		5 ml	1 c. à thé	
1,5 cL		15 ml	1 c. à soupe	
2 cL		20 ml	1 c. à soupe + 1 c. à thé	
3 cL		30 ml	2 c. à soupe	
4,5 cL		45 ml	3 c. à soupe	
6 cL		60 ml	4 c. à soupe	¼ tasse
7 cL		75 ml	5 c. à soupe	
8 cL		80 ml		⅓ tasse
9 cL		90 ml	6 c. à soupe	
10 cL	1 dL	100 ml	7 c. à soupe	
12 cL	1,2 dL	120 ml		½ tasse
16 cL	1,6 dL	165 ml		⅔ tasse
17 cL	1,7 dL	175 ml		¾ tasse
25 cL	2,5 dL	250 ml		1 tasse
30 cL	3 dL	300 ml		1 ¼ tasse
37 cL	3,7 dL	375 ml		1 ½ tasse
50 cL	5 dL	500 ml		2 tasses
62 cL	6,2 dL	625 ml		2 ½ tasses
75 cL	7,5 dL	750 ml		3 tasses
87 cL	8,7 dL	875 ml		3 ½ tasses
100 cL	1 L	1000 ml		4 tasses

Mes recettes de soupes préférées

1. _____

2. _____

3. _____

4. _____

5. _____

6. _____

7. _____

8. _____

9. _____

10 _____

11. _____

12. _____

13. _____

14. _____

15. _____

16. _____

17. _____

18. _____

19. _____

Soupe

Soupe

Soupe

Soupe

Soupe

Soupe

Soupe

Soupe

Soupe

Soupe

Suivez-nous sur le Web

Consultez nos sites Internet et inscrivez-vous à l'infolettre pour rester informé en tout temps de nos publications et de nos concours en ligne. Et croisez aussi vos auteurs préférés et notre équipe sur nos blogues !

EDITIONS-HOMME.COM
EDITIONS-JOUR.COM
EDITIONS-PETITHOMME.COM
EDITIONS-LAGRIFFE.COM

Marquis imprimeur inc.

Québec, Canada
2012

Achevé d'imprimer au Canada
sur papier Enviro 100 % recyclé

100%